故宫

纪录片《故宫》节目组·编著

中国工人出版社

主　编：赵　微　周　兵　徐　欢

编　委：纪录片《故宫》节目组全体工作人员

撰　稿：赵　微　周　兵　郭长虹　王冲霄　徐　欢
陈　丽　金明哲　郑永志　于闽梅　毕岳昆
周　华　陈学晶　宋立芳　周　晨　王兴丽
刘劲松

序

中华文明源远流长、博大精深，故宫则是中华文明最重要的载体之一。它集中国古代文化艺术的大成，浓缩了中国古代特别是明清时期的文化精髓，展示了色彩斑斓的艺术风格。故宫体现了中国封建社会皇权政治的内涵与表象，凝结着家国天下的传统政治伦理诉求，以及多民族共同发展等丰富理念，值得各界专家学者不断地探索研究。

故宫的最大特色是彰显出“皇宫”“皇帝”“皇权”的皇家文化，它真实、全面、生动地保存着皇家衣、食、住、行以及施政、休闲、教育、婚丧嫁娶等方方面面的内容，成为引起人们强烈兴趣的所在。当今“戏说”之风盛行，作为国家媒体的中央电视台和人类文化遗产守护者的故宫博物院，有责任也完全能够提供准确的、生动的场景、实物，使人们能够较全面地了解当时的典章制度及宫廷生活状况。

正是基于以上的共识，从 2003 年开始，故宫博物院与中央电视台合作拍摄了 12 集电视系列片《故宫》。中央电视台与故宫博物院对拍摄都极为重视。电视台的目标，是把《故宫》做成精品，要让它的讲述、解读方式以及画面、声音等元素的表现力和技术指标都达到国际一流水准。故宫博物院不仅在文物保护法规定的范围内尽力提供拍摄方便，还调动了全院的专家学者积极参与策划、顾问、把关等工作，为《故宫》拍摄工作的顺利进行做出了最大的努力。

凝结着台、院两家以及无数参与者心血的《故宫》是成功的，它不仅是央视历史上第一部赚钱的纪录片，而且是至今传播故宫历史文化知识最好的一部电视片。《故宫》问世十年，其魅力仍在。令我们高兴的是，十年之后，脱胎于大型纪录片《故宫》的图文书《故宫》又要与大家见面了。作者多是当年纪录片的参与者，他们对故宫有着深刻的理解。《故宫》不是《故宫》解说词的简单汇集，而是在已有基础上的进一步阐发，有着新的认识和感悟，是一部值得重视的好书。文字与图像都是有生命的东西。希望《故宫》的出版能将我们对《故宫》的理解及记忆延续下去。这是创作者的期盼，也是我的心愿。

文化部原副部长、故宫博物院原院长　郑欣淼

前言

图文书《故宫》终于要与大家见面了，这是继《故宫》播出十年之后，对当年所有参与者的一次致敬，也希望《故宫》的生命能借由文字，注入新的活力。拍摄大型系列纪录片《故宫》的动议产生于2002年，之前，在故宫这个世界级文物单位进行这样大型的拍摄，还没有先例，所以，经过大约一年的反复协调磋商，项目才终于落实。

也正因为如此，对《故宫》的拍摄，电视台和故宫博物院都空前重视。台长、院长直接牵头，故宫博物院几乎所有的副院长以及十几位顶级专家都和我们一起参加节目策划会，规格之高前所未有。有时候，会从早上一直开到晚上，大家都坐得腰酸背痛，争得口干舌燥，直到散会，还是言犹未尽。

《故宫》的创作目标，概括起来是三句话：故宫是伟大的，它是中国建筑史、艺术史、社会发展史上的一个坐标；故宫是有生命的，作为国家的核心和缩影，这个完整、鲜活的小社会曾经生存、运作了数百年；故宫又是个载体，它的每座建筑、每件文物、每个故事背后都蕴藏着丰富的历史、社会和文化内涵。我们要做的就是用生动的形式、巧妙的角度和新颖的手法把故宫的伟大、故宫的生命状态以及故宫的内涵表现出来。

一千个人心目中，一定有一千个故宫。它有庞大的建筑群，数以百万计的文物，成百上千个重要人物，浩如烟海的文献，区区 12 集节目在有限的篇幅中，选取哪些内容，才能既满足观众的预期，又能尽可能多地展示故宫的精华，更好地体现故宫博大精深的内涵呢？围绕这个让人头疼的难题，有很多不同意见。比如，有人提出以历史或帝王的线索来贯穿全片，但这种纵向梳理容易变成帝王传或明清史，陷入史实的堆砌和烦琐细节的罗列，其他内容的展开发掘会受到限制，而这种表现形式本身也难免流俗。如果采取横断面切入，加平行式讲述的结构方法，好处是可以兼顾不同的方面，基本可做到收放自如。但是这种结构也有不足之处，比如几集之间一些人物和时代背景会不可避免地相互重叠，交叉重复。经过几次三番的讨论、议论及激烈的争论，最终，敲定了后一种方案。

在 12 集《故宫》中，建筑两集（《肇建紫禁城》《盛世的屋脊》），讲紫禁城的修建过程和建筑的特点；宫殿的使用三集（《礼仪天下》《指点江山》《家国之间》），讲宫廷最重要的典礼仪式、故宫的政务功能和生活功能；文物四集（《故宫藏瓷》《故宫藏玉》《故宫书画》《宫廷西洋风》），在故宫的大量文物中选择最有代表性的三个门类以及来自西洋的贡品予以展示；故宫博物院的发展三集（《皇宫到博物院》《文物大流迁》《永远的故宫》），表现这座宫殿以及宫殿中的文物几百年历史的沧桑经历和命运轨迹。这种结构关照到故宫内容的各个层面，也具备较强的可操作性。它不能说是最完美的，但这是综合各种条件和需求之后，我们所能做出的尽可能平衡的选择。

《故宫》涉及很多专业性、学术性很强的内容，要做到准确权威，才不至于贻笑大方。片中涉及的每段历史、每件文物、每个观点，都与专家反复核实。每件文物的选择、每座建筑的拍摄，也都是在专家指导下完成的。

关于故宫，多年来，各种传说流传甚广。在严肃历史和民间传说之间，如何取舍和把握？我们首先对这些内容加以区分，对于已有权威解释的内容，我们在节目中采取“正误”的方法，就是引用一些大家都信以为真的说法，然后加以更正。比如，传说故宫宫殿有 9999 间半，实际上，目前最准确的数字是 8704 间。传说中从养心殿到军机处的那条密道确实存在，也记录在片中。但是，一些广为流传却无法证实的不靠谱传说，就坚决舍弃了。

《故宫》要做成精品，它的讲述、解读方式以及画面、声音等元素的表现力和技术指标都瞄准了国际一流水准的目标。

我们希望把《故宫》做成一部“新纪录片”，内容、形式上要新，视觉、听觉上也要给人“耳目一新”的感觉。

作为电视节目的《故宫》，所有的创作意图要通过画面、声音、解说等诸多视听元素表现出来。其中画面是电视片最重要、最有表现力的元素，为此，我们邀请了获奥斯卡最佳摄影奖提名的摄影师赵小丁和日本著名摄影师赤平勉担任摄影指导。使用“Motion Control”技术拍摄，呈现古今穿越式情景再现的创意就来自赵小丁。《故宫》拍摄使用了当时最先进的高清摄像机，还辅以大量的电影设备。大家形成的共识是：如果《故宫》的影像不能给观众以冲击和震撼，就意味着失败。《故宫》解说词的定位是“举重若轻”，不求华丽张扬，但求精准到位。在叙事清楚的基础上，用平实的语言表现出内涵和意境。整体以叙述性语言为主，声画结合，突出电视特点。在适当的部分自然而精练地穿插思考、议论和提炼、升华的内容。

值得一提的是，《故宫》是央视历史上第一部赚钱的纪录片，打破了纪录片曲高和寡、叫好不叫座的旧观念。这源于《故宫》在拍摄之初，就作为电视产品进行了策划。拍摄做到三个同步：同步套拍更多素材，提高节目的投入产出比，为后续创作打下基础；与美国国家地理频道合作，同步制作国际版，大大节约资金，缩短制作周期，并利用其发行渠道一举进入海外主流市场；

拍摄过程中，同步进行海内外预销售，既可提前收到回报，同时，预销售的过程也是对节目最好的前期宣传推广。这是中国电视纪录片从单纯的作品向产品转变的一次成功尝试。

纪录片《故宫》总策划、制片人、撰稿　赵微

目录

目录

在这样一个浩大的工程中，能被历史记载下来的人，只有极少的几个。那些当年为这座宫殿付出辛劳的工匠，据说超过百万……

第一章　肇建紫禁城

想看视频？扫一扫

♦ 故宫全景

是谁创造了历史？又是谁在历史中创造了伟大的文明？

公元 1403 年 1 月 23 日，中国农历癸未年的元月一日。这一天，生活在这块土地上的人们，依然延续着自古以来的传统，度过他们一年中最重要的节日——农历元旦。

这一年，人们收到的类似今天的贺年卡上，不再有建文的年号了。建文帝四年的统治，在一场史称“靖难之变”的战争后，成了往事。

公元 1403 年的大年初一，大明朝第三个皇帝朱棣，正式启用永乐作为自己的年号。这一年为永乐元年。年号的更替，随之带来的是这个王朝的更多变化。

永乐元年，明朝的首都在今天的中国南京。这座六朝古都自东汉时代起就被认为有王者之气。明太祖朱元璋将都城定在这里，并集中国两千年宫殿建筑之精华，建造了皇家宫殿。今天这座宫殿仅留下了这些遗址，但仍不失当年的气魄。

而此时的北京城在大明的版图上，还是朝廷的一个布政司，叫作北平。这里人烟稀少。朱棣 11 岁时被封为燕王，他和他的旧部们熟悉这里，对这个地方充满着感情。

永乐元年的农历正月十三这一天，朱棣按祖制祭祀完天地后回到皇宫。当君臣们相聚一堂时，一个叫李至刚的礼部尚书，提出了一个建议。他说，我以为北平这个地方，是皇上承运龙兴之地。应该遵循太祖高皇帝另设一个都城的制度，把北平立为京都。永乐皇帝非常高兴，当即答应了下来。在这之后的几个小时里，将北平升为北京，成为王朝第二个京都。

这个消息很快传遍了全国，而一座伟大的宫殿将由此诞生。

刚刚登基不久的永乐皇帝，用这样一道圣旨昭示天下，表达自己治理天下的理念。

从史料中，我们可以发现，公元 1403 年的朱棣正处在一种十分微妙而不安的气氛中。作为一个从侄儿手中夺取皇权，刚登基的皇帝，他面临太多棘手的问题。对反对他的建文帝旧臣的杀戮仍在继续。

♦ 朱棣

杀了很多人以后，朱棣感到十分不安。他也曾询问身边的大臣茹常：我这样做会不会得罪了天地祖宗？

更让朱棣感到不安的是，攻入南京城时，他的侄儿建文帝就在一场大火中神秘失踪，生死不明。尽管他按天子礼仪，给这位侄儿举行了隆重的葬礼，但后世的很多历史学家认为，当时下葬的并不是建文帝本人。真正的建文帝，很可能已经逃亡在外。这件事成为朱棣最大的一块心病。

之后有一天上朝时，朱棣差点儿被御史大夫景清刺杀。

此事之后，朱棣在南京城里经常做噩梦。他或许更加强烈地开始怀念他的故地北京。

站在南京皇宫的遗迹中，我们不难想象，曾经在北方生活多年的永乐皇帝，可能越来越不喜欢住在南京。他开始谋划将第一京都迁往北京的行动。

这年的 5 月，在一次临朝时，他对大臣们说，北京是我旧时的封国。有国社国稷，将实施国都的礼治。然而皇上的建议，却遭到了大臣们的激烈反对。从那以后，朱棣谨慎了很多，他开始以迂回而秘密的方式，为迁都进行系统而缜密的准备。

公元 1403 年，在这座由北平刚刚改称为北京的城市里，突然多了很多来自江浙等地的南方人。他们得到朝廷的应允，迁至北京，并获得五年免缴税赋的优待条件。这些人普遍比较富有，很快便在北京做起他们以往在南方所经营的生意。同时在北京的郊区，也多了很多农民开始垦荒种地，大规模的移民工程开始了。

当浩浩荡荡的移民队伍涌向北京时，在距北京万里之遥的西北草原上，蒙古帖木儿大汗指挥的铁骑大军，已经向中原开拔。大明朝的北方又面临着威胁。

然而正当永乐皇帝准备布防迎战时，帖木儿却突然在行军途中病故，一场大战消弭于无形。

公元 1405 年 6 月，东南风吹起的时候，郑和受永乐皇帝的派遣率一支船队开始远洋航行。带着永乐皇帝向世界展现大明国威的使命，驶向茫茫的海洋。据说这次航行，也是为了寻找失踪的建文帝。

公元 1406 年 8 月，当郑和的船队浩荡行进时，南京皇宫里发生了一件让朱棣高兴的事。我们已经无法考证，这是出于永乐皇帝本人的暗中授意，还是大臣们自己揣摩上意的结果。总之在这一天的朝堂上，以丘福为首的一群大臣，建议在北京修建一座新的宫殿，永乐皇帝非常愉快地接受了这个建议。

于是一场浩大的工程拉开了序幕。

◆ 太和殿御道

◆ 铺于故宫中轴线上的巨石

永乐皇帝开始派他的亲信奔赴全国各地，为这项巨大的工程做准备。他们中有工部尚书宋礼、吏部右侍郎师逵、户部左侍郎古朴。他们即将去往四川、湖广等地的崇山峻岭，去开采楠木。珍贵的楠木多生长在原始森林的险峻之处，那里时常出没虎豹蛇蟒。官员和百姓们冒着生命危险进山采木，很多人丢失了性命。后世有人用“入山一千，出山五百”来形容采木的代价。

这些楠木后来成为紫禁城太和殿中巨大的柱子，遗憾的是，这些永乐时期巨大的楠木，在太和殿里已难见踪影，今天我们所见到的这些巨大的柱子，是后来清朝用松木拼凑而成的。

这些巨大的木材，即使通过现代的运输工具运到故宫，也是一项庞杂而艰巨的工作。那么600年前，比这些木材巨大数倍的楠木，又是怎么被运到紫禁城里的呢?

被派往四川的工部尚书宋礼，这样向皇帝描述了一次大木出山的传奇情景：

有一天山洪暴发，一株大木顺流而下。遇有巨石拦路，大木发出像雷鸣一样的巨响，撞击巨石，巨石裂开大木完好无缺。

后来永乐皇帝将发生这一故事的那座大山封为神木山。这只是一个特殊的例子。更多的木材，从四川、贵州、湖北的崇山峻岭中依靠天然的河流和修好的运河，被输送到北京。

永乐时期为建造新的宫殿而进行的采木工作，据说持续了整整 13 年。同样，开采修建宫殿的石料也很艰辛。在保和殿后，我们能看见故宫中最大的丹陛石。它是在明代，由一块完整的石头雕刻而成。而这样巨大的石头，是如何被运到这里来的呢？

据史料记载，这些石头都来自北京西南郊房山的大石窝和门头沟的青白口。这里从明清两代跨越 600 年，直到现在还在生产汉白玉石头。我们终于在明朝史料中，发现了保和殿后那块石料的开采和运输过程。这块石料光开采就动用了一万多名民工和六千多名士兵，而将它运往京城则更为艰巨。数万名民工，在运送石料的道路两旁，修路填坑。每隔一里左右掘一口井，在隆冬严寒滴水成冰的日子，从井里汲水泼成冰道。两万民工一千多头骡子，用了整整 28 天的时间，才将这块石料运到京城。那些同样被费尽心力运到紫禁城的巨石，大部分都被安放在故宫中轴线的御道上。

据现在的专家学者研究，这次宫殿建设的备料过程历时近十年。

在这近十年中，北京逐渐成了大明王朝疆域内最热闹、最庞大的建筑工地。而今天我们只能用三维动画模拟再现当年营建紫禁城时北京工地的壮观景象。那些由此而生的著名工地名称一直保存至今。

在这样一个浩大的工程中，能被历史记载下来的人，只有极少的几个。那些当年为这座宫殿付出辛劳的工匠，据说超过百万。他们中也不乏幸运者，比如两个来自山西的工匠王顺、胡良。一天永乐皇帝视察工地，看到他们的彩绘。皇帝扶着王顺的肩膀，对他称赞不已。

泰宁侯陈珪，公元1406年被任命为改造建设北京城及宫殿的总指挥。永乐皇帝在写给陈珪的一封诏书里说："要善待工地上的军人和民工，饮食和作息要有规律，不要过于劳累。你们要体谅我爱惜百姓的想法。"陈珪一直在北京监工，直到公元1419年去世，他没有等到紫禁城落成的那一天。

据史料记载，在参与这项工程的能工巧匠中，以老木匠金珩为首的二十多人被同时提升为营缮所丞。而其他一些著名人物，像负责石料制作的陆祥、负责工艺的蔡信，也都被历史记载了下来。

在600多年前，紫禁城尚未建成之时，朱棣的燕王府和紫禁城完工前的临时宫殿，就在现在中南海一带的西北。

公元1409年，朱棣以巡狩的名义住在这里。从公元1409年至宫殿建成后的公元1421年，他在北京度过了5年又8个月。

这使得大明朝的决策、军事和行政系统逐渐北移。跟随朱棣来到北京的一个叫王绂的画家，在这一时期创作了《北京八景图卷》，用细腻的笔法描绘了那个时期北京的美景和风情。那个时期，北京逐渐呈现出一派欣欣向荣的景象。移民军户在郊区屯田垦荒，使北京农业生产水平得到迅速提高。北京对于这个王朝开始显得越来越重要。

从公元 1410 年到公元 1414 年，朱棣以北京为根据地，两次跨过长城御驾亲征，击败了多年来威胁北京的蒙古部落。在一次胜利后，他检阅了所带领的庞大军队。

就在朱棣谋划迁都北京的时候，他最亲密的一个人——徐皇后——去世了。他们的婚事是朱元璋亲自给说合的。怎样安葬这个结发妻子呢？陵墓理应建在南京，但是朱棣却悄悄派一个大臣和一个风水先生前往北京寻找吉壤建陵。两年后，位于昌平以北 20 多里的一片山麓带，被朱棣降旨圈为陵区禁地。这就是今天的明十三陵。

徐皇后陵墓的修建，让大臣们都意识到这是皇上向他们释放的一个迁都信号。这之后南京城里的一些大臣开始上疏，直截了当反对永乐皇帝暗藏的迁都用意。很快河南布政使周文褒、王文振及参议陈祚被朱棣谪贬到农村去当普通的农民，剩下的人只好选择了沉默。

公元1416年11月的一天，朱棣突然召集文武群臣，和颜悦色地与大家谈论起一个关于北京的敏感话题。皇上对北京宫殿的修建表现出异乎寻常的民主，而这一次群臣没有再提出反对意见。不仅一致通过紫禁城尽快动工修建，还赞美起北京优越的地理位置，纷纷强烈要求将明王朝的第一首都定在北京。他们表示：北京北枕居庸关，西靠太行山，东连山海关，南俯中原，沃野千里，山川壮丽，足以控制四方，统治天下，确实是可以绵延万世的帝王之都。朱棣多年处心积虑的迁都欲望，瞬间变成了君臣的合意。后世的历史学家认为，这次决定意味着中国政治中心开始北移，中国地缘政治从此发生改变。这种改变影响了中国数百年的政治格局，直到今天。

在将近600年前，北京一次性地会集了十万名工匠，开始修建紫禁城。他们大多来自河南、山东、山西、安徽等地。今天我们无法知道，他们是怎样建造这座宫殿的，也无法知道他们曾经历了哪些不为人知的故事。

《明实录》上有这样几句关于这座宫殿建设的正式记载："癸亥，初营建北京，凡庙社、宫殿、门阙，规制悉如南京，而高敞壮丽过之，至是成。"公元1419年，关于这座宫殿

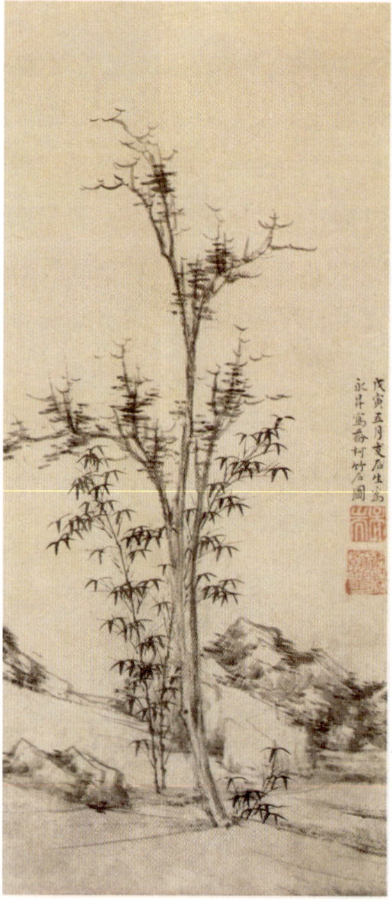

♦ 乔柯竹石图（明）王绂

◆ 竹鹤双清图（明）王绂

的建设只能用文字记录。而从今日这些大修的场景中，我们隐约可以捕捉到当年修建这座宫殿的一些印记。

故事讲到这里，我们不得不对历史的记载产生一些疑惑。同样在《明实录》上我们看到这样的记载："自永乐十五年六月兴工。"今天的一些研究者以此为据认为，紫禁城是自永乐十五年，用了三年半的时间建成。而另外一些学者则认为，如此浩大的工程、8000多间房子，即使是在今天，也是不可能用三年半的时间建成的。但是无论有怎样的争论，千百年来中国古典建筑的工程方法，却一直未有大的变化。虽然距紫禁城建成已经将近600年，但是今天工匠们使用的建筑方法依然延续着那时的工艺。这些传统的工艺，在清代被人们概括为"八大作"，即木作、瓦作、石作、搭材作、土作、油漆作、彩画作、裱糊作。我们今天在镜头中所展示的工艺是在这次大修中所运用的。它和约600年前明朝工匠所运用的手法，几乎是一样的。

在公元1420年，这座宫殿终于建成了。它是在元大都皇宫旧址上诞生的。那个元大都曾十分著名的延春阁被景山所取代，而整个宫殿建筑群由北往南延伸坐落在北京的整个中心地带，成为这个王朝新的神圣之地。

这里的砖瓦木石，这里的色彩，这里的空间布局，都昭示着中国人曾经的文明意志和理念。从此，这里开始历经25位皇帝和众多嫔妃皇子们的悲喜人生，开始上演中国历史中许多精彩的瞬间。

公元1421年，在宫殿刚刚建成之后，百姓迎来了那一年的春节。这一天，朱棣在新落成的宫殿里，举行了规模宏大的朝贺仪式。他登上了高敞壮阔的奉天殿，接受大臣们的跪拜。朱棣和大臣们都为这座辉煌无比的宫殿所振奋与鼓舞。

不久，春天到来了。那些曾经终年在北京服役的工匠民夫和军人们，甚至还有那些大牢中的犯人们，因为皇帝减赋免役、大赦天下的诏书而改变了自己的命运。

据说宫殿盖好之后，志得意满的永乐皇帝把一位会推算未来的胡姓官员找来，让他算一下以后会发生什么事。胡姓官员回答说："明年（按农历）四月初八宫殿会发生火灾。"永乐帝大怒，把他关进监狱，并表示到时候若不着火就要他人头。谁都没把这个人的话放在心上，大家都沉浸在新宫殿建成后的喜悦之中。也就是在这时，永乐帝派郑和第六次率领船队出使西洋。

公元1421年5月9日这一天，天气骤变电闪雷鸣，三大殿真的被雷火击中了，大火突然升起……

朱棣到底有没有找官员测算新宫殿的未来，在历史上无法考

♦ 三大殿全景

证。那个胡姓官员预测的故事，基本可确立为一种传说。永乐皇帝用近二十年大量人力、物力、财力投入而建成的三大殿，只存在了三个月，就毁于天火。这对朱棣来说是一个致命的打击。除痛惜宫殿的被毁之外，更令他痛苦的是对自身的怀疑。朱棣敕谕文武群臣："奉天等三殿灾，我心惶惧，莫知所措"，如果我的作为果真有不当之处，大家应该开诚布公地提出来，好让我有改过的机会，以回天意。皇帝的下诏求言引发了官员们的激烈反应。一部分人都抓住这个机会指责朱棣好大喜功，指陈他迁都北京是错误的决策。接着，处于惊恐与愤怒矛盾中的永乐皇帝，让大臣们跪在午门前相互辩论，并处死了一位指责他的官员。

不久之后，朱棣致力消除边患发动第六次北征蒙古的行动。但是他的健康每况愈下，戎马一生的他居然从马上摔了下来，终于在北征蒙古的途中走向生命的尽头。

毁于天火的大明宫殿三大殿，在永乐时代没有再进行重修工作。之后的二十年中，曾经辉煌如梦境一般的紫禁城中央地带，是一片焦黑的废墟。

转眼间十多年过去了，正统元年也就是公元 1436 年，明英宗朱祁镇即位。这位实际年龄只有七岁的孩子十分崇拜他的曾祖父朱棣，他一登上皇位就做了一件他的父亲和祖父都没有做成的事情——重修紫禁城。

这一年的秋天，朱祁镇下诏命太监阮安、都督同知沈清、少保工部尚书吴中率军夫数万人修建京师九门城楼。又过了五年，他正式下诏重修三大殿和乾清、坤宁二宫。下诏当日工程就正式启动。

一年半之后，拖延了十几年的重建工作完成了。

一切尘埃落定。紫禁城又完好如初，一道圣旨又昭告了天下。

北京紫禁城，最终成为中国明清两代统治天下的最高政治中心。一座世界建筑艺术史上独一无二的经典之作，从此傲然于世，成为我们人类历史上迄今能看到的最大的宫殿建筑群，最终成为我们全人类共同的历史文化遗产。

然而紫禁城在重新建好后，又将面对数百年中的一次又一次灾难和重建，它的故事或许才刚刚开始。

知识链接

朱棣和北平：明朝开国皇帝朱元璋早年便封了自己的二十六个儿子为藩王，以巩固统治。他将第四子朱棣封为燕王，以前元朝都城北平为其封地，更是将元朝皇帝的旧宫封为燕王府。燕王朱棣在北平居住了十九年，积下了深厚的人脉。

明朝十三陵：十三陵坐落于北京市昌平区天寿山麓，总面积一百二十余平方公里，是明代十三位皇帝的陵墓。十三陵地处东、西、北三面环山的小盆地之中，陵区群山环抱，中部为平原，陵前有小河蜿蜒。

明朝十三陵的修建自长陵开始，到明朝最后一位皇帝崇祯葬入思陵为止，其间230多年，先后修建了十三座皇帝陵墓、七座妃子墓、一座太监墓。共埋葬了十三位皇帝、二十三位皇后、两位太子、三十余名妃嫔、两位太监。

传说中玉皇大帝的紫微宫一共是一万间房，而人间的紫禁城一直流传着宫殿有九千九百九十九间半的说法。事实上，在长达五百多年的时间里，紫禁城一直在变化着……

第二章　盛世的屋脊

想看视频？扫一扫

◆ 太和殿藻井

惊心动魄的战争已见分晓，改朝换代正在进行。公元 1644 年农历八月，在浩浩荡荡的随从队伍的陪同下，一个六岁的男孩和他的母亲一起，从盛京老家向北京进发。男孩名叫福临，是大清王朝的顺治皇帝，此行的目的地是他们在北京的新家——紫禁城。

对于六岁的顺治皇帝来说，这座前所未见的高大城门，一定给他留下了新奇而深刻的印象。

紫禁城最大的门，有 37.95 米高。

按照中国的阴阳学说，正北叫子，正南叫午，所以位于紫禁城中轴线南端的这座城门，叫作“午门”。

穿过午门，紫禁城的真容出现在顺治皇帝的眼前。

这里就是他们的新家，而对这座宫殿的占有，也将是他们成为中国新的统治者的象征。

深红色的宫墙和金黄色的琉璃瓦是这座宫殿最引人注目的特征，而这绵延一片的红色和金色也将紫禁城与周边的建筑完全区分开来。

紫禁城的建筑分为前后两个部分，前半部分是处理朝政和举行重大礼仪活动的场所，称为前朝。后半部分是皇帝处理日常政务和帝后嫔妃的生活场所，称为内廷。

紫禁城的总体部署就是这样，用若干条纵深的轴线来安排这么多的建筑，而且这些建筑都是用院落的形式来展开的。每个院落当中都有成组的建筑，每栋建筑相互之间都是有主有从，有正有配，它就是这样用建筑的手段来表达封建社会、封建礼制所表达的那种等级和秩序。

故宫博物院原副院长　晋宏逵

传说中玉皇大帝的紫微宫一共是一万间房，而人间的紫禁城一直流传着宫殿有九千九百九十九间半的说法。事实上，在长达五百多年的时间里，紫禁城一直在变化着。根据 1973 年故宫专

♦ 鸟瞰故宫

家的调查，紫禁城现有的宫殿是八千七百零四间。

有人认为，当年顺治帝初次见到的紫禁城也许并不完整，因为比他早几个月进京的摄政王多尔衮，在给顺治皇帝的奏报中提到过：李自成是烧毁宫殿后逃走的。

李自成确实放火了，那整个紫禁城受到过什么损坏，这实际上清代人自己有一个定位。乾隆朝修订的《日下旧闻考》就明确说过，紫禁城宫殿是因胜朝之旧而斟酌损益之。意思是什么呢？就是说我对紫禁城的修缮都是在明代建筑的基础上来进行的。这就反过来说明一个什么问题呢，就是说紫禁城宫殿没像传说的那样因为李自成而受到那么大规模的破坏。

故宫博物院副研究馆员　李燮平

据《清实录》记载，六岁的顺治皇帝是在皇极门也就是现在的太和门登的基。

顺治二年，中轴线上的宫殿被一一修复，重新命名。这是改朝换代在建筑上最直接的体现。皇极殿改名为太和殿，中极殿改名为中和殿，建极殿改名为保和殿，对于当时尚不稳固的新政权来说，一个和字，包含了他们对天下和平、君民和谐的未来最迫切的期盼。

从此，紫禁城的匾额上出现了满文。

顺治皇帝没能等到他所盼望的和平盛世的到来，在二十四岁时就离开了人世。这一年是公元 1661 年。

◎ 太和殿

十八年之后，一个寒冷的冬夜。太和殿西侧的御膳房突然冒起了火光，大火一路蔓延，两小时后便烧到了太和殿。几天后，引起这次火灾的六名太监被处以绞刑。此后太和殿在长达十八年的时间里始终是一片废墟。

在这段时间里，年轻的康熙皇帝，在残缺的紫禁城中忙于指挥各地征战及稳定统治。十六年间，他相继平定了以吴三桂为首的三藩叛乱，收复了台湾，还打败了入侵的沙俄，签订了清王朝对外的唯一一个平等条约《中俄尼布楚条约》。

直到康熙三十四年，天下太平。此时的康熙皇帝终于可以腾出手来重建太和殿了。

但是这次修复却遇到了最大的难题。太和殿上一次重建是在明朝天启年间，此时已经过去了六十九年，人们不知道太和殿

♦ 太和殿彩画

确切的建筑比例与数据。当时，爱读书的康熙皇帝亲自查遍了书籍，结果令他非常失望。

后来，一位叫梁九的人令这件事情有了重大转机。当时已年逾古稀的梁九，从明朝崇祯年间进入工部，已经在工部工作了四十多年。

根据《梁九传》记载，梁九按照十比一的比例，做了一个太和殿的木模型，工匠们就靠对这座模型组件的放大制作，完成了太和殿的结构搭建。令人称奇的是放大出来的每一个木件安装上去都能严丝合缝，分毫不差。

让后人感到幸运的是，康熙三十四年的这次太和殿重建，所有材料以及尺寸被详细记载在《太和殿纪事》这本书当中，这是关于太和殿修建的唯一一份详细记录。对于今天的太和殿大修，这本书仍然具有重要的参考价值。

康熙三十六年，太和殿落成，并举行了盛大的落成仪式。这不仅是一座宫殿的庆典，更昭示着一个新的盛世的开端。

今天我们看到的太和殿，坐落在八米多高的汉白玉三台上，它是紫禁城的核心，也是紫禁城整体建筑乐章的高潮部分。它的一切设计，都为着一个目的，就是把至高无上的皇权烘托到极致。

太和殿曾经是北京城最高的建筑，从庭院到正脊高 36.57 米，相当于 12 层楼房的高度。

太和殿也是紫禁城中最大的建筑。面积达 2381 平方米，相当于半个足球场那么大。它的长宽比例正好是九比五，代表着九五之尊。

紫禁城的建筑很多地方都与九这个数字有关，九为最大，体现至尊的含义。像大门上的九排九路门钉、房檐上的九个走兽，等等。

然而，对于太和殿来说，连最大数字九都不足以表达它的尊贵，因此，在它的屋顶上出现了十个走兽。多出来的这一个叫行什，在中国古建筑中仅此一例。

太和殿是目前世界上最大的木质结构建筑。在这个号称世界之最的大殿里，布置却相当简单。

在基台的烘托下，皇帝的宝座是唯一的主角。目光所及之处，皇权的威严辐射到每一个角落。

太和殿一共有七十二根大柱子，围绕着宝座的六根被贴上黄金，每根柱子上都有一条巨龙，这是皇权的象征。

从这六根金柱当中向上望去，藻井上有一条蟠龙，蟠龙嘴里倒垂下来的宝珠又叫作“轩辕镜”。

康熙皇帝对太和殿的这次重新修建，改变了它原有的九开间形制，变成了十一开间。可以说，这是此次重修中最为实用的改造。

康熙三十四年重建太和殿的时候，考虑到防火的因素，所以就把木构的斜廊改成砖墙了，同时把太和殿两边的游廊改成了夹室，就形成了我们现在看到的这个面阔十一间的格局。实际上还是没有改变原来这个面阔九间围廊的格局。

故宫博物院古建部副主任　周苏琴

2004 年 6 月，故宫大修前的勘查进入到了太和殿的屋顶内部，这一次我们看到了世界上最大的木质建筑的梁架。

而脊檩的彩画是康熙三十四年重建时绘制的，它是彩画中最高等级的和玺彩画，距今已经三百多年。

在这次勘查中，我们发现了一个神秘的物品。

它在太和殿顶部最中心的位置，位于藻井的正上方。

这就是雍正皇帝命人安放在这里的符板。

我们在收藏于第一历史档案馆的皇宫档案中发现了这样一段内容：雍正九年，八月十二日，雍正皇帝命人把三份符板分别安

♦ 太和殿宝座前的香炉

放在养心殿、太和殿和乾清宫。

安放符板呢，本来是古代建筑中，风水学里很讲究的一个内容，为的是镇宅、避邪、保佑平安。雍正（皇帝）的这几块符板呢，除了传统的道教八卦图外还增加了藏传佛教的咒语，来保佑他的平安，这反映了他是诸教为我所用（的思想）。

第一历史档案馆编研部主任　李国荣

雍正皇帝放置符板的举动，无疑明确了太和殿、乾清宫和养心殿这三处宫殿，是紫禁城中最重要的地方，而除太和殿外，其余两个宫殿都在皇宫的内廷。

和前朝相对，紫禁城后半部分统称内廷，它包括皇帝、皇后居住的后三宫，妃子们居住的东西六宫和皇子们生活的乾东西五所。至此，紫禁城建筑的乐章从阳刚的高潮乐段进入阴柔的慢板。

◎ 乾清宫

乾清宫、坤宁宫和交泰殿合称为后三宫。

♦ 坤宁宫东暖阁

乾清宫，在雍正皇帝以前一直是皇帝的寝宫。同为皇帝使用的宫殿，它比前朝的太和殿低十一米，面积小一千多平方米，置身其中，人会放松许多。

明代时乾清宫有后暖阁九间，分上下两层，类似今天的复式建筑，上下共布置了二十七张床，皇帝可以任意选择。清朝时，东西暖阁改成了书房。

在明代，坤宁宫是皇后的寝宫。到了清朝，这座宫殿的室内装修有了很大改变，成为中轴线上最具有满族特色的宫殿。其室内贯通，西、北、南三面都有火炕。西大炕供朝祭神位，北炕供夕祭神位，东北角是祭祀时煮肉用的厨房。这种布局来源于满族民间“口袋房”“万字炕”的居住习俗。

从坤宁宫东暖阁悬挂的坤宁宫铭上可以看出，坤宁宫的布置是依据入关前沈阳故宫中皇后居住的清宁宫照搬而来的。

◎ 东西六宫

除了皇后，在后宫中，还有很多当朝皇帝的嫔妃，她们就住在后三宫两旁的宫殿里，这些宫殿总称为东西六宫。

东西六宫的建筑形制比后三宫低很多，体现了居住在这里的

♦ 东六宫一角

嫔妃的从属地位。

东西六宫取自《周礼》的六寝六宫制度，但是它更多的是融入了自汉代以来所形成的《周易》阴阳哲学思想，它的建筑布局从平面上看是一个坤卦的卦象，象征阴，也就是说这个地方居住的是妃子。其功能呢，可以从宫殿的命名上反映出来。比如说承乾宫，为什么叫承乾宫呢？就是说居住在这个地方的妃子要顺承皇帝，所以说东西六宫的建筑体现的是三纲五常，特别是夫为妻纲的伦理道德思想。

故宫博物院副研究馆员　王子林

公元 1856 年，随着一声婴儿的啼哭，一个女人一生的命运被改变了。她就是后来统治中国 48 年的慈禧太后。

储秀宫是她刚入宫时的居所，但我们现在看到的内部装饰，是在她五十大寿时，花费六十三万两白银重新修缮布置过的。

兰花，中国古人认为它有王者之香，又有生育男孩的象征，它与寿石组合的图案寓意为宜男宜寿，所以储秀宫的隔扇大量采用了这种图案。

也许是巧合，慈禧太后刚入宫时被封为兰贵人，不久就生下后来的同治皇帝。母以子贵，随着地位逐渐显赫，她的寝宫装饰也奢华起来，在储秀宫的庭院陈设中还出现了龙，这也是东西六宫中唯一的例子。

◎ 养心殿

内廷中的养心殿在雍正皇帝之前，原本是一座普通的宫殿。

雍正皇帝即位之后并没有按惯例住进乾清宫，他表示：父亲康熙皇帝在乾清宫居住了六十多年，自己实在不忍心再住进去，他决定移居月华门外的养心殿，并要求将殿内略微修缮，一定要朴素。

雍正皇帝的这个决定，使紫禁城内廷的格局出现了变化。从此，养心殿在紫禁城里越来越重要。

养心殿地位骤然上升之后，并没能一直朴素下去，配套装修很快跟了上来。在紫禁城中，采光好坏是衡量宫殿地位的重要标志之一。为了改善养心殿的采光，它成为紫禁城中第一个装上玻璃的宫殿。雍正元年，清宫内务府造办处《活计档·木作》记载：十月初一日，有谕旨，养心殿后寝宫，穿堂北边东西窗安玻

♦ 养心殿

璃二块。

当时，玻璃是非常稀罕的物件，全部依靠海外进口。

养心殿的位置靠近前朝，它将皇帝的休息和办公场所合二为一。这座宫殿的后半部分是卧室，皇帝在这里休息，若要处理政务时，只要穿过这条甬道，不到一分钟就可以来到前殿办公，大大提高了办事效率。

从雍正皇帝开始，到清王朝灭亡，清朝有八个皇帝把养心殿作为生活起居和处理政务的地方。在这里，留下了他们各自不同的生活印记。

一座小小的宫殿见证了一个王朝从盛到衰的历史。

◎ 乾隆花园

在等级森严、庄严肃穆的紫禁城中，有一片风格迥异的建筑透露出一份灵动和浪漫的气息，这就是宁寿宫花园，人们俗称"乾隆花园"，它是生性潇洒喜好游历的乾隆皇帝的得意之作。

这个花园建在紫禁城的东北角。狭隘细长，曲径通幽，四个院落相连，风景各不相同，将乾隆皇帝六下江南时最为欣赏的江南美景尽收园内。花园中还处处显示出汉族传统文化对乾隆皇帝

♦ 流杯渠

的深刻影响。

中国古代有一种祈福的祭祀活动叫禊赏，后来演化为人们暮春郊游的风俗。文人墨客此时也要相邀聚会，最著名的一次被记录在王羲之的《兰亭序》中。

九曲蜿蜒的水渠中清水流淌，随波逐流的酒杯停在谁的座前谁就要吟诗作赋，否则就罚酒认输，这就是“曲水流觞，修禊赏乐”。乾隆皇帝以此为根据，于是才有了我们现在看到的“禊赏亭”。

花园中还有一个建筑叫“三友轩”，室内以松、竹、梅装饰，松木刚劲而挺拔，蜡梅凌寒而开放，翠竹竿直而虚心，三者皆处严寒而不谢，所以被称为岁寒三友，古代文人以这三种植物比拟人品的刚直、高洁。乾隆皇帝不仅借三友轩表现自己的儒雅，更重要的是传达出清朝皇帝与汉族知识分子思想融合的一种态度。

◎ 乾西二所

乾隆花园的修建只是一个庞大的建设工程中的一小部分。

自康熙朝以来，经过七十多年的治理，到乾隆时期，中国农业经济、综合国力达到巅峰。

于是乾隆皇帝开始对紫禁城进行了自 1420 年建成以来最大规模的改造。其中，有两个重要的工程是和政治体制的改变紧密相连的。

第一个就是对乾西二所及周围区域的改造。

乾西二所是乾隆皇帝做皇子时候的居所。为什么他要对这里进行大规模的改造呢？这还要从皇帝的立储制度说起。

雍正皇帝之前，皇太子的确立往往伴随着激烈而血腥的宫廷斗争，所以雍正皇帝便改用了秘密建储的方式，他亲笔写下两份确定皇位继承人的诏书，一份藏在乾清宫正大光明匾的后面，另一份由他随身携带。皇帝在世时秘而不宣，等皇帝死后，两相对照无误，才能对外公布，迎立新君。

乾隆皇帝作为秘密建储制上台的第一个皇帝，没有享受过一天太子的待遇，因此他要把自己的故居乾西二所地位升格，由所改为宫，不再让其他人居住，以此强调他继承皇位的正统。

重新整修后，这个三进小院的主体建筑被重新命名，分别叫作崇敬殿、重华宫和翠云馆，习惯上统称重华宫，重华宫的名字来自汉族大臣张廷玉的提议。重华是指远古时期圣明君主“舜”，对汉文化颇为精通的乾隆皇帝欣然地采纳了这个建议。

乾西二所改造完成以后，周围的几座宫室也随之进行了改

♦ 漱芳斋戏台

♦ 漱芳斋内景

造，成为重华宫的附属配套设施：东边的乾西一所改为漱芳斋，室内建造了一个小戏台，取名“风雅存”，供皇帝观赏一些小戏时使用，在院内还添加了一座大戏台。它们也是紫禁城中最早出现的戏台。

即位之后的乾隆皇帝虽然已经移居养心殿，但他一直把舒适的重华宫当作与家人、近臣欢聚的场所。

信奉藏传佛教的乾隆皇帝，还在重华宫的西南部修建了紫禁城里最重要的藏传佛教建筑雨花阁。藏传佛教从元代进入皇宫，到清代发展到顶峰。雨花阁的修建，除了满足皇帝个人礼佛的需要，更重要的作用是以宗教信仰联络中国边疆地区的蒙藏各部，加强民族融合，以巩固国家的统一。

◎ 宁寿宫

紫禁城改造中和政治改革密切相关的第二个重要工程是修建宁寿宫。

乾隆皇帝即位不久就宣布：为了不超过在位六十一年的祖父康熙皇帝，他将在执政六十年的时候将皇位禅让给儿子，皇位交接方式的这一改变，意味着紫禁城中将首次出现退休的皇帝。

♦ 雨花阁二层

宁寿宫，就是为乾隆皇帝退休准备的养老之所。作为太上皇的宫殿，宁寿宫的级别不亚于皇帝的居所。它也分为前朝和内廷，各种配套设施样样俱全。这几乎就是一个微缩的紫禁城。宁寿宫的造价达到一百三十多万两白银。仅宁寿宫门前的那对镀金铜狮，就用了黄金三百三十四两。

为当朝的皇上建造退休的宫殿，无疑是最受重视的工程，工部集中了全国顶尖的能工巧匠。这其中有一个雷姓建筑设计世家。

他们绘制了长达五米多的紫禁城全部建筑的外观图样，沿着中轴线从大清门到坤宁宫，上面清楚地标注着各个建筑的名称和它们之间的距离，数据精确到了寸。

从康熙年间开始，这个家族前后延续两百多年，一直从事皇家建筑的设计工作，他们主持修缮设计的作品中光是被列为世界文化遗产的就有故宫、颐和园、天坛等。这个祖孙七代的建筑设计世家又被称作“样式雷”家族。

中国古代的建筑设计，采用文字说明、图纸和烫样三者结合的方式。所谓烫样，就是立体的设计模型。它是中国古建筑设计中特有的产物。现在，故宫依旧保留着当年雷氏家族制作的烫样。

在一套清朝晚期雷氏家族为紫禁城长春宫设计的烫样中我们可以看到，在烫样的相关部位，都有具体的文字说明和建筑尺寸。经过一层层展示，我们能清晰地看到建筑的内部结构。当时的烫样主要是为给皇上御览而制作的。皇帝的意志是决定宫殿建造最终的依据。

豪华、气派号称“小紫禁城”的宁寿宫完工之后，乾隆皇帝一天也没有住过，他在退位后，依然住在养心殿内控制着朝政，直到公元 1799 年，他八十九岁时去世。

从明朝永乐年间到清朝乾隆年间，紫禁城历经三百多年的修建、改建和修缮，终于成就了今天展现在世人眼前的模样。而在紫禁城中演绎的历史，还将波澜壮阔地延续下去。

知 识 链 接

午门：午门是紫禁城的正门，是颁发皇帝诏书的地方。除此之外，午门还有很多其他用途，比如皇帝在立春时节赐春饼、端午节赐凉糕、重阳节赐花糕；农历十月初一，颁发次年历书；每年腊月初一，要在午门举行颁布次年历书的“颁朔”典礼；遇有重大战争，大军凯旋，要在午门举行向皇帝敬献战俘的“献俘礼”；等等。

而午门在明代，是皇帝处罚大臣“廷杖”的地方。明代时，如果大臣触犯了皇家的威严，便以“逆鳞”之罪，被绑出午门前御道东侧打屁股，名叫“廷杖”。起初只象征性地责打，后来发展到打死人。如明嘉靖皇帝朱厚熜，继承皇位后，欲追封他的生父兴献王为帝，遭到大臣们的抵制。群臣一百多人哭谏于左顺门，皇帝下令施行“廷杖”惩罚，当场毙命十七人，所以民间有“推出午门斩首”之言流传。其实明清皇宫门前法度极为森严，犯人斩首绝非此地，而是必须押往专门的刑场处决的。

顺治皇帝死因：关于顺治帝的死因传统上有两种说法。

一种说法是顺治帝在顺治十八年因病而死。具体原因是爱子、宠妃的相继病亡让顺治受到了巨大的精神打击，健康每况愈下，后又染上了天花，死于紫禁城内的养心殿，年仅24岁。中国第一历史档案馆的档案支持这种说法。

另一种是民间传说，因爱妃董鄂妃病逝，热衷宗教的顺治皇帝便去当了和尚，而且这种说法一般还把董鄂妃与董小宛当作同一人。根据史学界的考证已经基本否定这种说法。据历史文献记载，顺治皇帝确实想要出家，但受到皇宫内外的极度反对，最终未能成行，不久后死于天花。顺治皇帝是清朝历史上唯一公开皈依禅门的皇帝。

烫样：烫样用硬纸板、秫秸和木头等粘贴制作而成。模型制成之后，需要用小烙铁将细节部分烫平，故名。

中国礼制可上溯至周代。《周礼·大宗伯》将礼仪总括为吉礼、嘉礼、凶礼、军礼、宾礼五类。号称“经礼三百，曲礼三千”，上至天子，下至庶民，礼可谓无处不在，无时不有。作为最高礼仪活动上演地，紫禁城的建筑处处显示了规范礼仪的作用。

第三章　礼仪天下

想看视频？扫一扫

♦ 乾隆朝服像

在进入故宫的四座大门中，东华门是与众不同的。只有非常细心的人才会发现，它的门钉只有八行，有别于其他三座门的九行。

这一细微的差别，在四百多年前，曾经引发了一场震动朝野的风波。

公元1521年3月，明武宗驾崩，武宗没有儿子，也没有兄弟。于是，皇太后决定，让湖北的朱厚熜以藩王身份继承皇位。但是，朱厚熜行进到北京宣武门外，忽然止步不前了。

面对皇帝宝座，朱厚熜究竟有什么疑虑呢？

起因在于礼部拟定的继位礼仪：朱厚熜应由东华门入紫禁城，先到文华殿，追认皇太子的身份，然后再继承皇位。

门钉少了一行的东华门在等级上低于午门、

神武门，也低于西华门。在紫禁城的设计中，这座大门邻近太子的宫区——文华殿，是太子出入紫禁城的通道。皇帝本人，几乎不走东华门。

固执的朱厚熜拒绝了礼部的要求。这位继承人坚持："吾嗣皇帝位，非皇子也。"我是来当皇帝的，怎么能以皇太子的身份入宫呢？

双方僵持不下，最后皇太后妥协了：皇位不可久虚，百官即日于城外上表劝进。

4 月 28 日正午，朱厚熜如愿由大明门正中御路进宫即位，年号嘉靖。这场牵动朝野的礼仪之争，暂时告一段落。

在这场较量中，大臣敢于与即将继位的皇帝抗衡，而朱厚熜也甘愿冒着失去皇位的危险固执己见，难道仅仅只是为了一套礼仪程序吗？在礼仪之后，究竟隐藏着什么样的秘密呢？

公元 1661 年，即顺治十八年，正月初七，24 岁的顺治皇帝去世。在弥留之际，口授遗诏，将皇位传给八岁的儿子玄烨。

两天后，正月初九，是玄烨登基的日子。

登基大典是紫禁城最重要的仪式，五百多年只有二十多次，真实的场景只有亲历者才能见到，却最能引发后人的无限想象。

这将是清入关后紫禁城中举行的第二场登基大典。

当年顺治登基，正是明朝灭亡、李自成败退之时，紫禁城多处损毁，只能一切从简。大典没有按传统在太和殿举行，而移到了太和门。

经过十几年征战、经营，玄烨登基时国家基本稳定，已经可以按典章制度举办一场完备的大典了。而大典应如何操办？大典程序，卤簿仪仗，人员站位等如何安排？这是摆在清初礼仪官面前的一道课题。

其实，所有的大典细节，在历代的宫廷文档中，都有明晰的记录。即使改朝换代，除了服饰以外，主要的典礼环节，都不会有太大区别。对于清代礼仪官来说，明朝遗留的典章制度文献——《明会典》，就是最好的范本。

今天，当我们试图再现清代登基大典的时候，《清会典》也为我们提供了所有重要的线索。登基大典前，皇帝亲自或者派遣官员先到天坛、地坛、太庙、社稷坛，向天、地、祖先等通报一番。

典礼的当天，皇家侍卫严密驻守紫禁城各道大门。

天还没亮，王公大臣都已经穿戴朝服，依次进入紫禁城。太和门外，陈设着皇帝的步辇，太和门屋檐下，陈设着丹陛大乐的乐队。太和殿屋檐下，陈设着中和韶乐的乐队。太和殿广场东西

♦ 天坛

两侧，陈设着旌旗、伞盖等卤簿仪仗。

太和殿所有的大门都被打开了。

大学士会同礼部官员进入太和殿，分别将皇帝登基的诏书、写有贺词的表文、笔墨纸砚等放置在不同的桌案上。大学士到乾清门取出皇帝玉玺，送到太和殿皇帝宝座正南方的桌案上。

一切都准备好了，这时，八岁的玄烨身穿白色孝服，在乾清门内父亲顺治的灵位前行三跪九叩大礼，把自己即将登基的消息亲口禀告。接着，来到乾清宫侧殿更换皇帝礼服，穿戴整齐后，再到皇太后的宫殿里行三跪九叩礼。这时乾清宫中门垂下帘子，示意先帝的丧事暂停。

天色渐亮，皇帝由乾清门左旁门出，前往中和殿。在中和殿宝座就座，那些即将在典礼中指挥引导的各级官员提前向皇帝行三跪九叩大礼。在接下来的仪式中，他们就可以免礼，而专心忙于工作了。

玄烨终于坐到了太和殿宝座上。此后，在这个位置上，他坐了六十一年。

紫禁城中最重要的大典，今天已经难以如实还原。而宫廷绘画中也根本没有登基大典的资料。我们在专家指导下，从故宫博物院收藏的有关宫廷其他典礼的画作提取素材，利用技术手段，

◆ 太和殿御路

通过情景再现、动画合成的方法拼接而出康熙登基大典的盛况。

笼罩在先帝丧礼气息中的登基大典，气氛肃穆。中和韶乐和丹陛大乐陈设但并不演奏。而当这些乐器奏响的时候，紫禁城也就迎来了重要的盛典。

对于紫禁城来说，每年都有三个最重大的典礼。

农历正月初一，古称元旦。这是新年开始的第一天，王公大臣、外国使节在这一天向皇帝进献贺表，其礼仪程序与登基大典相似，气氛却喜庆轻松了许多。

皇帝的生日，古称万寿节，是个全国性的节日。这一天，京城的匠人们用彩画、布匹等将主要街道包装得绚丽多姿，到处歌舞升平。各地文武百官，设置香案，向京城方向行大礼。

冬至，是紫禁城另一个大节日。这一天，北半球太阳角度最低，因而是阳光照射进太和殿最深的一天。在2004年冬至日，我们采用特殊的摄影方法，记录了一年中太和殿最难得一见的景观。在冬至这一天，阳光可以反射到大殿正中的匾额上。古人认为，冬至是阴阳转枢的日子，这一天之后，阴气渐消，阳气渐长。每逢冬至，皇帝便到天坛祭天，第二天就在太和殿里接受文武百官的朝贺。

中国礼制可上溯至周代。《周礼·大宗伯》将礼仪总括为吉礼、嘉礼、凶礼、军礼、宾礼五类。号称“经礼三百，曲礼三千”，上至天子，下至庶民，礼可谓无处不在，无时不有。作为最高礼仪活动上演地，紫禁城的建筑处处显示了规范礼仪的作用。

试想当年一位第一次步入紫禁城参加大典的外国使节，他穿过幽深的天安门门洞，午门广场两侧的朝房使通往紫禁城的道路显得狭长。从午门侧门入宫后，眼前豁然开朗，穿越太和门一侧，他忽然看到一片极度开阔的广场，广场尽头是高高在上、金碧辉煌的太和殿。此刻，恐怕在这位使节心中，不得不由衷产生敬畏。

沿着中轴线的御道出入午门，是和皇帝大婚时皇后的特权。但每隔几年，就会有一次破例。

一年之计在于春。阳春三月，是一年中孕育希望的季节。而对于一些中国人来说，一生的希望，也是在这个时刻孕育的。

经过层层选拔，一些读书人即将步入紫禁城。

每三年一次的殿试，是古代中国科举考试的最后一道关口。事实上，所有有资格步入紫禁城参加殿试的考生，已经在先前的过关斩将中取得了贡士称号。这场在皇宫里举行的考试，会让每个考生感受到成为天子门生的无上光荣。

在答卷上考生以工整的楷书完成皇帝亲自拟定的考题，在太阳落山前交卷，卷首写有考生的年龄、籍贯，本人及父亲与祖父的名字、身份、参加科举考试的经历。之后严密封存。先由读卷大臣精选出十份最好的，在第三天黎明呈交皇帝亲自审阅，由皇帝决定最终名次。

1790 年之前明清两代殿试，都是在太和殿广场露天举行，乾隆年间改在保和殿内举行，以此显示皇帝对于考生的关怀。

殿试后的第五天，是公布成绩的日子，叫作传胪。

在中国第一历史档案馆，我们找到了 1905 年中国最后一次殿试的金榜，当年共有 273 人参加，一些著名历史人物谭延闿、沈钧儒等人榜上有名，末代状元为刘春霖。

传胪是紫禁城中重要的典礼。

康熙六年的状元缪彤在日记中这样记录了当天的情形：当天天气微寒，五鼓时分，我和各位进士跪在太和殿前等候传胪。前一天已经有传言，某某人状元，某某人榜眼，某某人探花。我已经没有希望了，不过是跟着参加仪式罢了。传胪开始，上面喊第一甲第一名竟是我，每喊一次名字，就奏乐一番，我怀疑听错了，不敢出列。最后是礼部官拉着我出来。于是，我和榜眼、探花三人，跟随礼部官员捧着黄榜沿着御道，从午门中门出宫。

这一天，三位幸运儿得以享用了只有皇帝和皇后才能走过的

◆ 皇帝龙袍十二章纹：日

◆ 皇帝龙袍十二章纹：月

◆ 皇帝龙袍十二章纹：星辰

◆ 皇帝龙袍十二章纹：山

◆ 皇帝龙袍十二章纹：龙

◆ 皇帝龙袍十二章纹：华虫

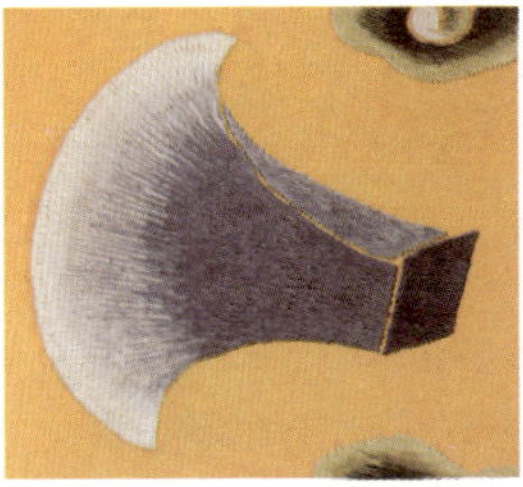

◆ 皇帝龙袍十二章纹：黼

◆ 皇帝龙袍十二章纹：黻

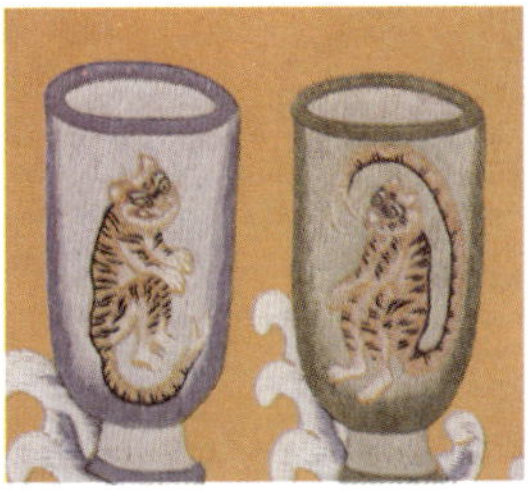

◆ 皇帝龙袍十二章纹：宗彝

◆ 皇帝龙袍十二章纹：藻

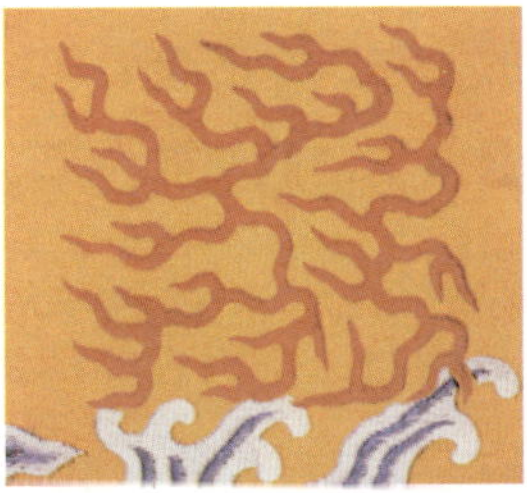

◆ 皇帝龙袍十二章纹：火

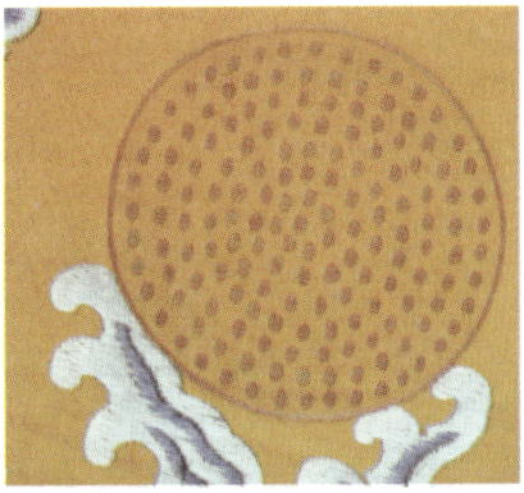

◆ 皇帝龙袍十二章纹：粉米

道路，从午门中门出宫。这一定是天下读书人梦境中最漫长的一段路。

考生们在紫禁城里倍感煎熬和光荣的时候，中国的农民也迎来了一年中最忙碌的季节。

在保存下来的一组表现农民在不同时节辛苦劳作的画绢中，有一个中年男人的形象，看上去就是一个普通的农民。其实，他叫胤禛，是康熙皇帝的第四个儿子。他的妻子儿女也出现在这组《耕织图》里。康熙重视农桑天下皆知，这本画册无疑会让父皇很开心。心计颇深的胤禛在激烈的皇位继承大战中笑到最后，年号雍正。他对于农业的关注，并不亚于其父康熙。

在记录雍正皇帝日常活动的起居注里，我们发现即使贵为皇帝，每年也要做一天农民。

这是雍正六年二月中旬，全国农民即将进入耕种时节。十八日，城南的先农坛开来了浩浩荡荡的队伍。祭祀先农神，是中国历代帝王的惯例。清代，在先农坛东南还开辟了一千七百亩农田，在祭祀完毕后皇帝会亲自耕种，为天下农夫做一个表率，表明天子心系稼穑，尊重农耕。

耕田时，皇帝一手扶着犁，一手举着鞭。按礼仪规定，皇帝要推三次。而雍正皇帝意犹未尽，又多推了一次。

农业国家的兴衰往往依赖于上天的恩威，皇帝自诩为天子，是人世间得到上天恩泽最多的人，而一旦上天发怒，兴风作浪起来，那第一个应该领受处罚的人，也非皇帝莫属。与上天对话，是皇帝义不容辞的神圣责任。而皇帝与上天对话的方式就是各种祭祀活动。因而皇帝对于祭祀格外重视，连服装这样的细节都有严格的规定。

宫廷祭祀共有八十多种，分大祀、中祀和群祀三个等级。

大祀多为皇帝亲自祭拜，中祀一部分由皇帝亲祭，大部分派官员祭祀，而群祀，则完全是由官员代劳了。绝大多数祭祀都是几千年一脉相承而来。当祖居关外的满族成为紫禁城的新主人，一种新的祭祀活动便出现在皇城之内。

坤宁宫祭神，是清代紫禁城中最为频繁的祭祀。这座明代皇后的寝宫，被紫禁城的新主人改造成祭祀众神的场所。坤宁宫内，今天还保留着关帝的画像，每天早上都要祭祀。清人崇拜关帝，八旗将士把关帝视为保护神，每次战斗前都要祭拜，认为是他赐予了自己战无不胜的力量。

坤宁宫晚上的祭祀一般在下午四点前后开始，祭的都是满族、蒙古族的神，带有浓厚的原始宗教色彩，这是清代皇室祖先流传下来的萨满教祭神仪式。

織第一圖 浴蠶

豳風曾著授衣篇蠶事初興穀雨天更考
公桑傳禮制先宜浴種向晴川
門多楊柳風溪漲桃花水村酒醞羊羔春
閨浴蠶子纖纖弄翠盆戢戢蠕香紙雪繭
與氷絲婦功從此始

曾讀豳風七月篇遲遲日景麗光天新
蠶未起先宜浴盆滿明波人滿川

坤宁宫东北角有一间小屋，门前有制作打糕的用具。而小屋内，是一座灶台，灶台上有三口大锅。每次祭神，都要在神位前杀猪，在这里用清水煮熟，再向神贡献。皇帝亲自主持坤宁宫祭神后，会率领王公大臣吃祭神肉。据说祭神肉没有任何调料，吃肉对王公大臣来说，是一件苦差事。常有人偷偷在袖子里藏一点盐，来渡过难关。

历朝历代的皇帝无不重视祭祀，在对上天、祖先和万物的敬畏背后，更重要的是对江山永固的虔诚祈祷。然而，这种祈祷，并不能保佑一个王朝长治久安。

当明朝在天灾与战乱中风雨飘摇的时候，白山黑水间，一支新兴的力量出现了。

努尔哈赤和他的八旗将士们，最终征服了庞大的明帝国。当努尔哈赤的孙子坐在紫禁城宝座上的时候，他面对的是一种成熟而强大的文明形态。没过多久，紫禁城的新主人，就已经完全融入到传统文明中来，几千年传承下来的礼仪之法，又支撑起大清王朝统治的根基。作为国家运行指南的各种典章制度在新的王朝中完整地保留了下来；而在紫禁城中上演的各种典礼仪式，在清朝更是空前的庄严盛大。

公元 1793 年，紫禁城的主人是古稀之年的乾隆皇帝。他的

♦ 雍正洋装像

被称为盛世的统治已经到了第五十八年，乾隆显然对自己非常满意，他称自己为“十全老人”。他身边的人正忙着为皇帝八十三岁的生日做准备。万寿节是国家三大节之一，不仅举国同庆，亚洲和欧洲的一些国家也要赶来祝贺。与往年不同，在这一年的生日庆典上，将出现一群与众不同的客人，历经千年几近完美的礼仪制度将遭遇前所未有的挑战。

公元 1793 年夏天，一支来自英国的船队驶进中国舟山群岛的定海港口，英王乔治三世的特使马戛尔尼率领着庞大的使团，以为乾隆祝寿之名进入中国。

英国使团成员在日记中纷纷记录了他们来到中国的第一印象。而随行画师亚历山大的作品也让今天的人们见到了 1793 年的中国。

这里的房子最高只有两层，曲线优美的屋顶，居然没有任何防备野兽和盗贼的设施，这个国家一定很安全。

处处都是令人吃惊的忙碌景象，中国没有闲人，也看不到一个乞丐。数以千计的穷人愿意用肩膀扛运车子所无法装载的东西。

中国人从小就受到做人要和气、待人要礼貌的教育。

老年人和家里的年轻人住在一起，每家都保留家谱，祖先的榜样不断被援引，本家族每年至少一次在一起祭扫祖坟，家族成员之间从不中断往来，叔叔会对侄子说："亲人之间，不必客气。"

很快，中国人生活中时常出现的一个动作也让英国人迷惑不解。

英国使团正使马戛尔尼这样写道：

一名中国领航员和他的几名同胞上船帮助我们。他们非常好奇地参观了船上的一切设备。当他们在会客室里看到他们皇帝的画像时立即跪下，十分崇敬地磕了好几个头。那画像是二十几年前一个商人带回英国的。这很有趣，一个去过中国的医生先前告诉我，大使必须对中国皇帝行三跪九叩礼。为了英国的荣誉，我不会那样做。

只有在上帝面前才会双膝跪地的英国人自然无法理解叩头在中国礼仪中的意义。

英国使团不肯向皇帝下跪的消息传到了紫禁城。乾隆皇帝很不高兴。责令大臣尽快教会英国人叩头礼仪。

叩头，是每一个首次访华的外国使节都会接受的必修课。可

♦ 紫光阁赐宴图（局部）（清）姚文瀚

惜，这一次来的，不是天朝恭顺的学生，而是正在飞速上升并坚信自己才是世界霸主的英国。

马戛尔尼带来了当时英国最先进的科技产品，这是他的资本，他希望中国人会被吸引，会大量购买他们的产品。礼仪之争，不过是小节。

然而，他错了。乾隆的结论是："伊等语涉无知，不知礼节。此等无知外夷，不值加以优礼。"至于英国此次进贡各物，念其诚心远献，特谕收纳。其实天朝种种贵重之物，无所不有，并无须尔国置办物件。

肩负打开中国市场使命的马戛尔尼最终失败而回。他说："我所有的时间都被礼仪占去了，我此行的目的甚至都没有机会提到。"他们带来的礼物被放置在皇家园林里，几十年后，当英法联军占领圆明园的时候，发现了这些礼物。其中那些大炮枪支，弹药一发不少。中国人竟然从未有兴趣动过它们。

礼仪之争的三年后，公元 1796 年 2 月初，中国农历的除夕，乾隆皇帝又一次收到了英王乔治三世希望扩大两国贸易的信件，而乾隆再一次拒绝了。

这是乾隆以皇帝身份签发的最后一道诏书。第二天，他就要履行六十年前登基时的诺言，将皇帝的宝座禅让给自己的儿子。

公元1735年9月3日，雍正皇帝死后第十天，乾隆继位。在那一天，乾隆在祖先灵前立下誓言：先帝康熙治国六十一年，如果上天眷顾，让我也有同样的机会，我不敢超过先人，执政满六十年，就将皇位让给儿子。

六十年过去了，当年的祈祷竟然变成了现实。在授受大典前夜，百感交集的乾隆赋诗一首：

此日乾隆夕，明朝嘉庆年。古今难得者，天地赐恩然。父母敢言谢，心神增益虔。近成老人说，六十幸能全。

公元1796年即将退位的乾隆皇帝有足够的理由傲视天下：一方面，农桑为本的国策令占世界三分之一的人口自给自足；另一方面，礼仪化生活令上自皇族下至庶民无不恪守本分不敢有丝毫僭越。这样一个时代，不正是千百年来中国人梦寐以求的盛世吗？试问天下，难道还有比这更稳定更合理的国家吗？放眼世界，难道还有别的力量能与朕平起平坐吗？

公元1796年年初，农历元旦，乾隆禅位给嘉庆的授受大典在紫禁城上演了。乾隆说，这是千古未有之盛事。

就在紫禁城的主人享受这无与伦比的壮丽时刻时，三年前返回欧洲的马戛尔尼却以亲身之见，打碎了西方对于中华帝国几个世纪以来近乎完美的想象：

中华帝国只是一艘破败不堪的旧船，因为幸运地有了几位谨慎的船长才使它在近150年没有沉没，它那巨大的躯壳使周围的邻国见了害怕。假如来了个无能之辈掌舵，那船上的纪律与安全就都完了。它不会立刻沉没，它将像一个残骸那样到处漂流，然后在海岸上撞得粉碎。

地球这一边的人们，历经千年创造了礼仪天下的神话；而在地球另一边，这个神话已经变成随时可以击碎的泡沫。

紫禁城，盛典即将结束。

知 识 链 接

天坛：祭天作为人类祈求神灵赐福禳灾的一种文化行为，曾经是中国古代先民生活中的重要组成部分。中国从传说中的“三皇五帝”时代至清末，一直举行祭天典礼，绵延五千余年，可谓源远流长。

天坛公园，是明清两代皇帝每年祭天和祈祷五谷丰收的地方。天坛以严谨的建筑布局、奇特的建筑构造和瑰丽的建筑装饰著称于世。天坛始建于明永乐年间（1403—1420年），是按照中国传统礼仪制度建立的国家祭坛。自明永乐十九年起，共有22位皇帝亲御天坛，向皇天顶礼膜拜，虔诚祭祀。辛亥革命爆发后，中华民国政府宣布废除祭天祀典，并于1918年改天坛为公园。

科举：科举是我国历史上通过考试选拔官员的制度。从隋朝大业元年（605年）开始实行，到清朝光绪三十一年（1905年）举行最后一科进士考试为止，经历了1300年。明朝时期，科举考试形成了完备的制度，将科举考试分为三级：乡试，会试，殿试。乡试第一名叫解元，会试第一名叫会元，加上殿试一甲第一名的状元，合称三元。连中三元，是科举场中的佳话，被称为三元及第。而历史上获此殊荣的只有15人，清朝时期仅有两人：钱启和陈继昌。

从明到清五百年间，紫禁城逐渐被建成举世无双的皇宫，中国的封建集权也历经兴衰终于走到尽头。

……

公元1912年，中国封建王朝的最后一次政务活动在养心殿开始了——隆裕太后带着六岁的溥仪颁布了皇帝退位诏书。自此，中国的封建王朝永远退出了历史舞台。

第四章　指点江山

想看视频？扫一扫

♦ 养心殿东暖阁垂帘听政处

紫禁城有上万个门。每天早上，一些门被打开，成千上万的游客来来往往。而在过去，在这里往来的都是声名显赫的王公贵族。

公元 1861 年农历十一月初一，这一天的上朝仪式与以往不同，它在紫禁城的历史上也是第一次，这个仪式叫作“垂帘听政”。

养心殿是紫禁城中部偏西的一座毫不起眼的宫殿，也是紫禁城里最神秘的宫殿之一，从雍正以后，这里成为中国的政治决策中心。

就在垂帘听政的前一天，惠亲王绵愉收到一份上谕，特许他在“垂帘听政”的仪式里免除礼仪，因为他在皇亲贵族里辈分最高。而这次让绵愉觉得新鲜的是，这个叫作“垂帘”的上朝仪式，和他们所熟悉的祖制究竟有什么不同？

明代以来，皇帝平时召见大臣、处理国事的方式大同小异，叫作“御门听政”或者“御殿听政”，也就是我们熟悉的上朝。

乾清门广场把紫禁城分为“外朝”和“内廷”。外朝又叫前朝，内廷又叫后宫，明朝的日常政务都在前朝举行，而清代的政务中心却移到了后宫。

明代上朝的时候大臣们从南城、东城出发，先到午门，经过金水桥到皇极门，就是今天的太和门。皇帝的路线是从居住的乾清宫来到皇极殿，或者皇极门，大约 500 多米的路程。

清朝时大臣由东华门进入紫禁城，穿过景运门来到乾清门，而皇帝从乾清宫到乾清门仅有 50 米的距离。明清相比：清朝皇帝走的路比明朝皇帝近得多。

听政仪式从前朝转移到后宫，隐含着明清 500 年间中国政治制度的变化。

据《大明会典》记载：早朝时，大臣必须午夜起床，穿越半个京城前往午门。凌晨 3 点，大臣到达午门外等候。当午门城楼上的鼓敲响时，大臣就要排好队伍；钟声响起时，宫门开启。百官依次进入，过金水桥在广场整队。

官员中若有咳嗽、吐痰或步履不稳重的都会被负责纠察的御史记录下来，听候处理。

♦ 太和殿广场

通常，皇帝驾临太和门或者太和殿，百官行一跪三叩头礼。四品以上的官员才有机会与皇上对话，大臣向皇帝报告政务，皇帝则提出问题或者做出答复。

公元 1498 年秋末的一天，宫中失火，弘治皇帝彻夜未眠，请求免朝一日。此时的弘治皇帝不来上朝还向大臣请个假，而在十几年之后的正德皇帝连招呼都不打，让大臣们白白地等了一整天，直到傍晚才宣布“今日免朝”。饥渴难耐的大臣们急于回家，午门内外乱成一团，有一名将军竟然被活活挤死在禁门。

皇帝疏于朝政，这在明朝绝不是个别现象。明朝万历年间，大臣们竟然有 20 多年没有在朝堂上见过他们的皇帝。

明朝时，即使皇帝不上朝理政，国家机器也能依靠一班大臣和一整套政务流程维持正常运转。清朝则与明朝不同，大臣们只是奉命办事，皇帝往往是事必躬亲，因此勤政成为大多数清朝皇帝的特点。

今天在乾清门广场旁边的工艺品商店在过去叫作九卿房，是清朝大臣等候上朝的地方，公元 1861 年农历十一月初一，绵愉和大臣们就在这里等待这次“垂帘听政”。

历史上，每当皇权受到威胁的时候，一些非常手段的采用就成为必然。“垂帘听政”只是以特殊手段维护皇权的一个特例罢了。

从明到清500年间，紫禁城逐渐被建成举世无双的皇宫，中国的封建集权也历经兴衰终于走到尽头。

在中国历史上，人们熟知的宰相一词，是明朝以前的产物。那时，宰相是文武百官的总头目，甚至皇帝的诏书没有宰相的签字就不能生效。而自从有了宰相，相权和君权一直存在矛盾。朱元璋建立明朝后废除了宰相，着手建立一套新的政治权力体系。

公元1402年，刚从自己的侄子手里夺过皇位的明成祖，为了巩固权力，做出两个重大决定：一是把首都迁到自己的势力范围——北平；二是成立内阁。这样，一个国事咨询机构正式建立了。

过去，宰相拥有决策权、议政权和行政权，明成祖成立内阁以后，把原来宰相拥有的决策权牢牢把持在自己手中，议政权分给内阁，行政权分给六部。地方上分三司，分管司法、军事、行政，直接对六部负责。

在明成祖掌控之下，内阁与六部各司其职，国家最高行政命令从紫禁城发出，通过全国1936处驿站，全长143700公里的驿道，层层下发到帝国每一个角落。

后来，明宣宗时期形成了更为完善的政务流程：全国大大小小的奏章，甚至老百姓给皇帝提出的建议，都由通政使司汇总，司礼监呈报皇帝过目，再交到内阁，内阁负责草拟处理意见，再由司礼监把意见呈报皇上批准，最后由六科校对下发。

内阁大臣的建议是写在一张纸上，贴在奏章上面，这叫作“票拟”。而皇帝用红字做批示，称为“批红”。按照规定，皇帝仅仅批写几本，大多数的“批红”由司礼监的太监按照皇帝的意思代笔。以往，太监读书识字是被严令禁止的，明宣宗不仅改了这个规矩，而且在他的鼓励下，宫里还成立了专门的太监学堂。后人猜测：明宣宗这一做法，其目的就是让太监牵制内阁的权力。久而久之，一种奇怪的政治格局出现了。

我们发现明朝内廷、外廷的机构完全对称。外有内阁，内有司礼监；外有三法司，内有东厂、锦衣卫；外廷有派往地方的总督、巡抚；内廷有派往地方的镇守太监、守备太监；等等。这样，内廷、外廷相互制约，才能确保皇帝的决策地位。但是，这也造成了内外两大政治势力的争权夺利。

位于紫禁城东部的一片建筑在明代叫作文渊阁。明朝的内阁就设在这里。在明朝万历年间，内阁首辅张居正让这个紫禁城里最不起眼的房子成为声名显赫的所在。在文渊阁办公的内阁成为实际上的政务决策者。

♦ 文渊阁碑亭

明朝万历年间，表面上，例行的政务流程似乎并没有改变，但决策权却出现了转移。张居正是如何做到这一点的呢？

首先，当时的万历皇帝还是个孩子，张居正身为皇帝的老师，很容易影响皇帝的决策。

其次，万历的“批红”是在司礼监冯保指导下完成，而冯保跟张居正关系密切。

张居正把自己的意见授意他人，写成奏章，再由自己“票拟”赞同。幼年皇帝的“批红”自然毫无问题。

就这样，大臣的“奏章”，阁臣的“票拟”，皇帝的“批红”，由张居正一手操控，达到空前一致。他的新政也就毫无障碍地顺利推进。

自从司礼监掌握了“批红”权，就给太监涉政提供了契机，自此之后，太监和内阁之间的争权夺利此消彼长，终于在公元1506年达到白热化。

这一年秋末的一天，司礼监的太监一反常态，在乾清宫与内阁之间不停奔走。原来，太监刘瑾的权势越来越大，内阁决定弹劾刘瑾，但是正德皇帝没有明确表态。内阁大臣决定在第二天上朝时决一死战。刘瑾不除，内阁将全体辞职。

第二天，在太和门外，朝会如期举行，正德皇帝没有来，刘瑾却出现了。这时的刘瑾不仅仅是掌管马匹的头目了，他已经被皇帝任命为司礼监总管。皇帝终于和内阁翻脸了。

其实，太监的后台就是皇帝，弹劾皇帝宠信的太监，就是威胁皇权，这是皇帝所不能容忍的。

从这一天开始，全国所有重要公文先要送给刘瑾，他过目后才能发到六部和内阁。那么刘瑾如何越过皇帝“批红”这一关呢？正德皇帝喜欢玩乐，每天骑马、玩鹰，还在后宫开办集市，自己扮作商人取乐，刘瑾就专找皇帝玩兴正浓之际汇报公务，每次，皇帝都会很不耐烦地说：这些事也要来烦我吗？于是，刘瑾就堂而皇之地代替皇帝“批红”。

我们不知道明朝的大臣经过午门的时候会不会不寒而栗，刘瑾上台后曾在此先后“杖责”23位大臣。

据说“廷杖”分“用心打”和“着实打”。被“用心打”的，弄不好就会残废；而被“着实打”的，绝无生还之理。轻重程度，只要查看一下监刑官的脚尖就知道：脚尖张开，不至于把人打死；脚尖并拢，那就棍棍要人命。

至此，宦官在明朝政治上占有举足轻重的地位。到了天启年间，太监专权达到了极点，宫廷中竟有十万名太监。

那时候，天启皇帝经常睡不好觉，因为住在不远处的太监总管魏忠贤起得很早，洗脸的时候敲得铜盆叮当乱响，根本不把皇帝放在眼里。当时的魏忠贤先是被人称为千岁，后来变为九千岁，最后居然成了九千九百岁。

自明初以来，明朝的政务中心就在紫禁城这几个地方转换，权力的交替，左右着明朝的国运。宫闱重重之中，争权夺利的事件时有发生。

通过几代皇帝的努力，明朝曾经形成了一套完整的政务体系，它在权力平衡方面堪称完善，后来，它被西方人学习，形成了内阁制和首相制。在中国明朝成化年间开始出现的内阁首辅，就是首相的雏形。

然而，这套制度在明朝末期已经变得面目全非，而缺乏完善制度支撑的王朝就像一座将要倒塌的大厦，绝非一人之力能够挽回。

崇祯二年，皇太极率十万骑兵，绕开了袁崇焕把守的山海关，攻打遵化，偷袭北京。袁崇焕急报北京，同时迅速回防。崇祯帝却猜疑他要和皇太极共谋京师，清退兵之后，袁崇焕死于非命。从那以后，便出现了明军整支部队投降清军的现象。辽东明军皆言："以督师之忠，尚不能自免，我辈在此何为？"

史书记载：李自成攻破北京城的前一天，崇祯在乾清宫敲钟

◆ 雍正帝道装像

召集大臣，但是没有召来一个人。明朝200多年的历史在这一刻走到了终结。崇祯皇帝在景山上最后看了一眼辉煌的紫禁城，在农民起义军攻城的呐喊声中结束了自己的生命。

明朝被李自成推翻仅一个多月后，清军攻入了北京，紫禁城换了主人。然而，和这座皇宫一样，皇权，在中国最后一个封建王朝中依然延续，而且越发凸显。

公元1722年初冬的一天，雍正帝下旨：所有康熙的朱批谕旨，都要上缴，私自存留者，从重治罪。

雍正帝刚刚即位不久，急于收回康熙的朱批谕旨原因何在？后人猜测：当年的朱批谕旨中涉及康熙对皇位继承人的意见，可能对雍正的统治不利。从这一刻开始，雍正的集权拉开了序幕。

三年后一个法国传教士谈到第一次见雍正帝时的印象：他身材魁梧，口齿不错，但讲话速度较快。看来他挺有头脑，而且精神焕发。

这个给外国传教士留下深刻印象的皇帝最大的苦恼就是自己刚刚坐上的皇位还很不稳固。其实这种苦恼，他的几位先辈都曾经历过。

清初，努尔哈赤设置议政王大臣会议。国家大事都由会议讨论、决定。会议甚至有罢免皇帝的权力。努尔哈赤这一规定给后来的皇位继承者们带来无穷的烦恼，顺治曾苦恼于多尔衮的专权，康熙曾苦恼于鳌拜的跋扈，这些让皇帝寝食不安的人，几乎都是议政王大臣会议的骨干。

养心殿西暖阁，是雍正处理政务、批阅奏折的地方。这里悬挂着他亲笔书写的对联："惟以一人治天下；岂为天下奉一人"，字里行间极为迫切地表露了雍正帝对集权的渴望。

为了加强皇权，顺治恢复明朝的内阁，康熙成立南书房，这都是为了分散议政王大臣会议的权力，但都没有从根本上解决问题。

雍正十分清楚：议政王大臣会议仍是对自己皇位的最大威胁。

雍正八年，他终于等到了机会：雍正帝借口与蒙古噶尔丹交战，整理军报的内阁远离内廷，泄密的机会较多，成立了军机处。

乾清门广场西北的一排房子就是军机处值房，我们发现，军机处的房子和宫墙之间有两米的空隙，据说这里曾有一条通往养心殿的专用通道，这条路穿过宫墙，经过御膳房直达养心殿。现在，我们已经找不到这条路了，但是御膳房院子里的宫墙上，依然留有疑似通道的痕迹。

无论是哪一条路，从军机处到养心殿只有 50 米的距离，这让皇帝能随时召见军机大臣，了解国家大事。皇帝阅览官员呈报的奏折，军机大臣聆听皇帝口述上谕，回到军机处凭记忆拟定上谕，然后再赴养心殿交皇帝定夺。这中间只需一个时辰。上谕经皇帝首肯之后，就成为正式的诏书由军机处下发。

军机处根据公文紧急程度，规定传递速度。标“马上飞递”的，日行三百里；更紧急的，写四百、五百、六百里。驿站换马不换人，一路飞递，送到地方官员手中。

这样皇帝通过军机处直接向各级官员下达命令。在军机处逐渐成为新的政务枢纽之后，努尔哈赤以来的议政处也就渐渐形同虚设。

同样是行政中枢，明朝的内阁距离皇帝寝宫 1000 米，清朝的军机处距离皇帝寝宫只有 50 米。政务中心逐步靠近皇帝寝宫的过程，也是权力向皇帝集中的过程。

成立军机处后，雍正终于实现了皇帝“惟以一人治天下”的理想。但是，当权力的重担集于一人之身的时候，那些不够精明强干的皇帝往往难以胜任。

公元 1840 年 7 月 4 日，浙江定海附近的海面上突然出现了英国军舰，定海知县登上军舰询问来意。英国人限他次日投降，否则开炮轰城。

此时的北京紫禁城和往常没什么两样，第二天，道光帝照常向皇太后问了安，处理了几件日常的公文。而距离北京数千里的定海已经被英国人占领。

由定海到北京，奏折传递的速度最快也要 20 天，道光帝直到 7 月 24 日才得知定海失陷。在这 20 天当中，当地官员因为得不到皇帝的命令，无从应对局势的变化，以致延误军机。

在之后的日子里，道光帝陆续收到各地纷至沓来的战报，信息相当混乱。直到 8 月 9 日，战争开始一个多月后，道光帝总算弄明白英国已经发动战争这一事实，而就在此时，英国军舰已经逼近天津。

集权制下，战争的决策者是皇帝，而道光帝既不能及时了解军情，同时对英国也是一无所知，直到战争结束，道光皇帝还在问：听说英吉利距离中国七万里，它到底在哪里?

这场战事在历史上叫作“第一次鸦片战争”。

故宫里的军机处展室，陈列着奏折匣，就在雍正帝逐步完善的密折制度中，这种奏折匣被广泛地使用。

明朝的时候，大臣上奏给皇帝的奏折，通过各级衙门层层上报，有时皇帝没看到奏章，一些大臣已经知道奏章的内容。

为了加强保密，雍正时期开始使用这种奏折匣，它配以宫廷特制铜锁。只有皇帝和上奏的大臣才有钥匙。大臣上奏的密折除了皇帝之外，任何人无法知晓。

所谓“朕之耳目，天下之所共知”。雍正帝借助密折制度把自己的触角伸向各地，无孔不入。甚至同在一地执政的官员也得互相防范、互相猜疑。这种密折政治的确方便皇帝体察下情，但是也为捕风捉影打开了方便之门。

建立密折制度时，雍正帝反复强调：“慎密二字，最为要紧，君不密则失臣，臣不密则失身，可不畏乎？”这种说法在一百多年后得到验证。

第二次鸦片战争期间，英法联军攻破广州城后，在总督府里缴获了一些奏折匣，里面装有清朝两广总督耆英写给道光皇帝的密折。密折中一些侮辱洋人的语言让英国人怀恨在心。后来耆英在谈判时遭到英国人当面羞辱，中途离去，结果以失职罪被皇帝赐以自尽。

一手建立了完备的奏折保密制度的雍正无论如何也不会想到，100 多年后，作为最高机密的奏折竟然如废纸一样被入侵者缴获。

道光帝曾经形象地把“为政治国之道”比喻成“一所大房

♦ 慈禧太后朝服像

子”，“住房人随时粘补修理，自然一律整齐，若听任破坏，必至要动大工”。

紫禁城这所大房子从明成祖开始建造，其间，封建王朝的政治制度也几经修修补补，最终，皇帝与皇权都随着时间的流逝化作历史的云烟。

公元1861年农历十一月初一，“垂帘听政”开始了。和以往的听政不同的是，这次在朝堂之上出现了两个宝座，它们一前一后，中间以一道帘子相隔。绵愉和众大臣朝拜了前座上年幼的皇帝，他们听到的旨意却从帘子后面发出。

慈禧独掌大权以后，前座上的皇帝形同傀儡。她自己以独特的方式扮演了强权皇帝的角色。至此，大清国的集权政治发展到又一个高峰。

公元1912年2月12日，中国封建王朝的最后一次政务活动在养心殿开始了，它已经很难再叫作上朝，因为这次仪式唯一的内容就是隆裕皇太后带着六岁的溥仪颁布了皇帝退位诏书。无论“御门听政”还是“垂帘听政”在此时都已经成为祖制，而中国的封建王朝也永远成为历史。

知 识 链 接

垂帘听政：“垂帘听政”，最早可以追溯到战国时期。战国时期，皇帝去世后，如果继位皇帝年纪幼小，可以由小皇帝的母亲辅政。但是根据宫廷的规定，朝中官员不得直接观看和接触皇太后，所以辅政的皇太后一般坐在皇帝理政厅堂侧面的房间里，在房间和厅堂之间挂一帘子，听官员们与皇帝谈论政务。于是，这种由皇帝母亲辅政的制度，就被人们形象地称为“垂帘听政”。

太后临朝的制度，始于汉朝，但“垂帘听政”的制度却要到唐朝武则天时期才开始。此前的太后临朝时并不垂帘。影响较大的太后临朝有汉代吕太后和邓太后、唐代武则天、清代慈禧太后等。

南书房：南书房设于康熙十六年（1677 年），光绪二十四年（1898 年）撤销，是清代皇帝文学侍从值班的地方。清代士人视之为清要之地，能入则以为荣。由于南书房“非崇班贵檩、上所亲信者不得入”，所以它完全是由皇帝严密控制的一个核心机要机构，随时承旨出诏行令。

南书房地位的提高，是康熙帝削弱议政王大臣会议权力，同时将外朝内阁的某些职能移归内廷，实施高度集权的重要步骤。康熙帝亲政以后，朝廷的权力一则受议政王大臣会议的限制，国家大事需经过议政王大臣会议，而这些满洲王公贵族地位较高，有时与皇帝意见发生矛盾，皇帝也不得不收回成命；二则内阁在名义上仍是国家最高政务机构，控制着外朝的权力，康熙帝为了把国家大权严密地控制在自己手中，决定以南书房为核心，逐步形成权力中心。

雍正朝自军机处建立后，军机大事均归军机处办理，南书房官员不再参与机务，其地位有所下降。但由于入值者常能觐见皇帝，因此仍具有一定地位。南书房亦被长期保留，直至光绪二十四年（1898 年）撤销。

紫禁城以乾清门为界，南面为前朝，北面是后宫。

后宫由乾清宫、坤宁宫、交泰殿以及东西各六宫组成，这里就是皇帝的家。

第五章　家国之间

想看视频？扫一扫

♦ 列队待选的正黄旗秀女

这是一座已经存在了五百多年的老宅院。这里曾经住过两家人，一家姓朱，一家姓爱新觉罗。关于这座宅院里的生活，传说很多，真正知道的人很少。

公元1900年8月14日，北京被八国联军攻破。光绪皇帝逃离了紫禁城。而他最喜爱的妃子，在这一天也死去了。

关于珍妃的死因，宫廷的官方文件只有简单的几句话——在这份慈禧太后亲自签发的懿旨中，这样写道：“上年京师之变，仓猝之中珍妃扈从不及，即于宫内殉难，洵属节烈可嘉，加恩著追赠贵妃。”

而另一种说法来自太监崔玉贵。在珍妃死亡事件里，崔玉贵扮演了至关重要的角色。

8月14日下午，崔玉贵接到慈禧的命令，

将几年来一直幽禁在冷宫的珍妃带到颐和轩。

慈禧对珍妃说："洋人要打进城了，我们要避一避，带着你走不方便。"

珍妃说："您可以避一避，可以留皇上坐镇京师，维持大局。"

慈禧大声呵斥说："你死到临头还敢胡说。"

珍妃说："我没有应死的罪。"

慈禧说："不管你有罪没罪，也得死。把她扔到井里去。"

沿着珍妃在宫中的足迹，我们将渐渐解开皇宫生活的神秘面纱。

古人仰观天象，最亮的星是紫微星，紫微星周围的星宿环绕而成紫微垣，这里是传说中天帝一家的居所。皇帝自称天子，紫微垣在人间的投影，就是皇帝一家的居所——紫禁城。

在一幅展现大年初一紫禁城盛大朝会的画卷上，满朝王公大臣、来自世界各地的使节，都守候在太和殿广场上，人们等待着典礼的开始。然而，太和殿宝座上空空荡荡，皇帝在哪里呢？

越过层层宫墙，我们看到了一个与前朝大不相同的后宫。

在这里，皇子皇孙像宫外的孩子一样，热衷着放鞭炮的游戏。

♦ 交泰殿内景

在这里，皇后嫔妃像宫外的母亲一样，关爱着自己的孩子。

在这里，皇帝像宫外的父亲一样，享受着天伦之乐。

紫禁城以乾清门为界，南面为前朝，北面是后宫。后宫由乾清宫、坤宁宫、交泰殿以及东西各六宫组成，这里就是皇帝的家。

皇帝寝宫为乾清宫，皇后住在坤宁宫，乾清宫与坤宁宫之间是交泰殿。意味着“乾为天，坤为地，天地交泰，阴阳和合”。紫禁城宫殿的文饰图案，到交泰殿第一次出现了凤。东西六宫的名称，也大多暗喻男女交合、生儿育女。

公元 1888 年冬天，来自全国的妙龄少女会聚在御花园。她们中将有人成为大清国的皇后。此刻，她们都被称为“秀女”。

中国历代的后妃，大多来自贵族权臣之家。然而，为了巩固皇权的联姻，往往潜伏着更大的政治危机。到了明代，为了防范外戚干政，朱元璋一改旧俗，明文规定皇室后妃应选自民间。

清朝入关后，皇帝的后妃主要来源于八旗秀女。顺治朝规定，凡满、蒙、汉八旗官员的女儿，年龄在 13 岁到 17 岁之间，都要参加每三年一届的选秀。其中不仅产生皇后嫔妃，也为皇子皇孙、亲王郡王等皇家宗室物色福晋。超过 17 岁又一直未被选中的才可以另行婚配。严格的制度确保了皇族婚配的优先权。

这一次经过反复选看，有五位女孩幸运地走到了最后一关。

她们是慈禧太后的弟弟副都统桂祥的女儿；江西巡抚德馨的两个女儿；礼部左侍郎长叙的两个女儿。但她们可能并不知道，真正决定她们命运的却是皇帝身后的那个女人。

光绪选后的情景，在场的太监唐冠卿有过细致的描述，大致意思如下：选后是在体和殿进行的，事前准备了玉如意一柄，绣花荷包两对，谁收到玉如意就是皇后，收到荷包为嫔妃。光绪手持玉如意来到德馨的长女面前，刚要交给她，慈禧太后大声说："皇帝！"并暗示光绪将玉如意交给桂祥的女儿。光绪无奈，只好照办。慈禧强迫光绪选择了他并不喜欢的皇后，又担心德馨的女儿一旦选入嫔妃，必有夺宠之忧，于是不让光绪自己再选，直接授意将荷包交给长叙的两个女儿。

令光绪一见钟情的女人落选了，慈禧的侄女叶赫纳拉氏成为光绪的皇后，长叙的两个女儿成为珍妃和瑾妃。她们的命运在刹那间发生了巨变。

这些嫁入紫禁城的女人，被分为若干等级居住在不同的宫殿里。明代有十二等。清代康熙年间，后妃定为八等，即皇后一人，皇贵妃一人，贵妃二人，妃四人，嫔六人，以下另有贵人、常在、答应三级，人无定数。

这就是民间流传的三宫六院七十二嫔妃了。事实上，每位皇

◆ 光绪大婚图（局部）

帝的后妃数量相差很多。康熙一生有后妃七十九人，而光绪只有一后二妃共三人。

第一次大婚的皇子或少年皇帝做不了主，什么人能够成为后宫之主的皇后，决定权在深谋远虑的父皇、母后或皇太后那里。最后胜出者往往不是最有魅力的那一个，而是皇家对权力格局通盘考虑后，认为最合适的那一个。

公元 1889 年正月二十七日子刻，隆裕皇后的凤舆从自家府邸出发，前往紫禁城。光绪皇帝大婚正式开始。

洞房设在坤宁宫。这座明朝皇后的寝宫，自清朝入关后，被改为祭神和节庆朝贺的地方。宫廷举行大婚时，东暖阁就是新婚帝后的洞房，他们将在这里共度三天。

这一天，对于光绪来说，不仅意味着成为一个女人的丈夫，也意味着他将成为这个国家的真正主人。

因为慈禧太后刚刚向外界宣布，光绪皇帝大婚礼成，她将结束“垂帘听政”。这一幕，光绪已经等待了 15 年。

公元 1874 年 12 月 5 日夜，四岁的载湉被送入紫禁城。几个时辰前，19 岁的同治皇帝抱病身亡。同治没有子女，载湉以其堂弟的身份入主皇宫。

这个孩子在睡梦中离开了温暖的家，成为光绪皇帝，开始了长达34年哀伤的生涯。

位于故宫东部的毓庆宫，曾经是清代皇太子在宫中的居所。

光绪五岁，到了学习如何做皇帝的年龄。而少年天子的课堂，就在毓庆宫。

清代的皇子们，只有在幼年时期才能住在东西六宫享受父母之爱。十岁迁出后宫，暂居毓庆宫或更为偏远的南三所。受封亲王后便彻底迁出紫禁城，到父皇赏赐的王府居住。皇子们对于宫廷最为深刻的记忆，恐怕就是读书生活了。

每天天还没亮，皇子就进入书房，随师傅作诗文，学习儒家经典。又有满族师傅教授满语、骑射等，直到黄昏才结束。

清代皇子教育的勤勉不怠，也许是吸取了紫禁城上一代主人——明朝皇室的教训。明代皇太子虽然也有出阁讲学制度，但并不严格。而清代12位皇帝，尽管其天赋、机遇大不相同，但绝大多数都称得上勤政，这和严谨的皇子教育制度不无关系。

读书声中，光绪一天天长大了。

在紫禁城里，养心殿并不起眼，却是中轴线外最受欢迎的景区。自雍正以后历代清帝的卧室，就坐落在这个有些局促的院落里。

今天我们能够看到的唯一一处中国皇帝的寝宫，基本保留了

♦ 光绪皇帝便服写字像

光绪皇帝居住时的原貌。

很多人会惊讶于它的狭小，紫禁城的肇建者只是把它当成一个临时休息的地方。当它贵为皇帝寝宫后，为了使自己的卧室能与天子的威仪相称，便在房内的陈设上极尽奢华。据清同治二年《养心殿寝宫陈设档》记载，当时这里的陈设品共有 724 件。

在养心殿寝宫东西两侧，各有一套卧床。据说，东边的床是备皇后来住时用的，西边则是为妃子备用。又说，皇帝为了预防刺客，总在入寝时把两张床的幔帐同时放下，谁也不知道他究竟睡在哪张床上。

紫禁城中的人们习惯早起。慈禧太后起床的情形，她的贴身宫女何荣儿有过细致描述，大意如下：

“太后屋里灯一亮，侍寝的宫女趴在地上喊：老祖宗吉祥！给太后叠好被以后，跟着用银盆端好一盆热水，老太后用热手巾将手包起来，在热水盆浸泡相当长的时间，要换两三盆水，把手背和手指的关节都泡舒服了。然后洗脸，与其说洗脸不如说热敷脸，这样能减少脸上的皱纹。都完毕了，才坐在梳妆台前，传太监梳头，描眉刷鬓敷粉擦红，再吸上两管水烟后，奶茶就献上来了。老太后最习惯喝人奶和牛奶。太后是个爱美的人，也教别人爱美。她常说：一个女人没心肠打扮自己，那还活着什么劲呢？”

♦ 慈禧（中）与隆裕（右一）等合影

洗漱停当，慈禧坐在宝座上，此刻，光绪皇帝和他的后妃们正候在门外。每天清晨皇帝率领后妃向太后请安，是紫禁城几百年不变的规矩。新婚不久后的一次请安，慈禧与光绪进行了别有深意的对话。

慈禧太后含笑问："皇上由哪里来的？"

皇帝回答说："由养心殿。"

"由养心殿来经过螽斯门吗？"

"是。"

"知道螽斯门的来历吗？"

"这个，儿子听师傅讲过，不过儿子不努力，知道得不清楚，还要请母后指教。"

"为什么叫螽斯门呢？说雄的大蚱蜢名螽斯，一振动翅膀鸣叫起来，好多雌蚱蜢就来了，每个都给它生 99 个孩子。先皇就是盼望我们家族兴旺啊！"

太后说完用眼睛看看光绪，也看看隆裕，脸上已经没有先前的笑容了。

帝后失和在宫中是尽人皆知的"秘密"，对于慈禧选定的皇后，光绪几乎从未亲近过。慈禧为了巩固权力而抛出的红线，牵回的却是一对陌路夫妻。

◆ 螽斯门

紫禁城重重高墙将12座宫院与外界隔离开来。它们位置东西对称，外观大同小异，像两腋一样依傍着中轴线上的后三宫。其间生活着皇帝的女人们，她们或许集万千宠爱于一身，或许独守枯灯寂寞一生，其命运，完全在于后宫里唯一的男人是否垂青自己。

皇帝如何召幸嫔妃，民间一直流传着太监驮妃的说法。说是把妃子包裹在被子中，由太监驮到皇帝寝宫。

真实的情形是怎样的呢?

每天午后，皇帝进晚膳的时候，所有嫔妃来到养心殿后院的燕喜堂，默默等候。因为晚膳之后，皇帝将亲手揭开困扰后宫嫔妃整整一天的悬念。

太监手捧的绿头签上刻着所有嫔妃的名字，这时它们静静等待着皇帝的选择，皇帝的手决定了与哪个女人共度今夜。

清朝皇帝中，光绪的嫔妃最少，只有一后二妃。而贵为后宫之首的皇后，并不在绿头签备选之列，隆裕皇后经常住在养心殿光绪寝宫东侧的体顺堂。只是，这对感情冷漠的夫妻几乎从未真正生活在一起。

在后宫的竞争中，珍妃轻易就占得了上风。

宫里的规矩，无论多么受宠的嫔妃，都不能整夜陪侍皇帝。

但召幸之后，嫔妃也不必再回到自己的寝宫，而是就近在养心殿皇帝卧室的隔壁休息。养心殿旁的燕喜堂西围房事实上就变成了珍妃的第二座寝宫。细心的光绪命人在这间屋里多设一个幔帐，一板帘，一席大褥。对于他们的爱情而言，这是一段转瞬即逝的黄金时期。

珍妃乖巧伶俐，她能双手写字，喜欢绘画，喜欢唱歌，喜欢穿上护卫官袍在光绪面前扮作美少年逗皇帝一笑。据说，她还是第一个将摄影术引入宫中的人，总是拉着光绪让太监拍照。

珍妃专宠终于激怒了慈禧太后，她以生活奢侈为由处罚了珍妃。然而，当年作为珍妃行为不检证据的摄影，若干年后竟成了慈禧太后的最爱。

每天晚膳后，一般是皇帝的休闲娱乐时间。宫内的休闲生活是丰富多彩的，琴棋书画，豢养宠物，观赏戏剧，体育运动，等等。

在一幅宫廷绘画中，我们可以看到明宣宗正在玩一种类似现代高尔夫的运动——捶丸。

同普通人一样，皇帝也会有各种休闲娱乐和爱好，但是，对普通人来说无关紧要的兴趣爱好，在皇宫之内，却可能造成危及江山社稷的严重后果。

♦ 冰嬉图（清）

明武宗正德皇帝——酷爱武功，自己册封自己为大将军。同时，对经商兴趣浓厚，经常扮成商人模样，在紫禁城里开设商铺酒肆。

明世宗嘉靖皇帝——在宫中研究长生不老的办法。命令宫女每天早起，采集御花园清晨露水，供自己炼丹。

明神宗万历皇帝——几十年不见大臣，深居宫中，最大的爱好就是敛财。从南方富庶之地征集来的盐税，大多埋藏在皇宫的地下。

明熹宗天启皇帝——是巧夺天工的木匠。据说，他设计出一种能够喷水戏珠的金龙。而朝政都交给了大太监魏忠贤。

他们的爱好，使个人生活变得丰富多彩，却加速了明帝国的覆灭。

紫禁城的新主人来自白山黑水之间，彪悍的民族性格，使清朝皇室的休闲生活，也具有强烈的尚武精神。

木兰围场在清代中前期将近两个世纪里扮演了举足轻重的角色，皇帝率领满蒙贵族将士一万多人，在这里围猎100多次，这既是和平年代必要的军事演习，也是联络满蒙贵族感情最合适的外交活动。

冬天的紫禁城，另一种别具满族特征的娱乐开始了。滑冰，是清代皇家在冬天最热衷的娱乐活动。每次参加表演的八旗将士约 1200 人，他们盘旋在冰面上，蜿蜒如龙形，在高速滑行中，要做出各种优美造型，并准确射中悬挂在旌门上的小球，以取悦皇帝。

从皇帝大婚的那一天起，紫禁城里所有的人，都在热切期待着新生命的到来。

后妃怀孕叫“遇喜”，在《钦定宫中现行则例》中对此有专门的规定。嫔妃怀孕，每日食用加半，有生母者，准许进内廷照看。皇后生子，满月时赐银一千两，衣料三百匹。嫔妃生育，也各有相应的待遇。

中国古代皇位继承，基本遵照以下原则：皇后所生长子是第一继承人，皇后无子，立普通嫔妃中所生长子。所有后妃都没有生子，或者从皇族中过继一个儿子立为皇帝，或者由皇帝的弟弟继位。

清代雍正开始实行秘密建储制度，更重视考察继承人的能力。但一个最基本的前提不会改变：除非万不得已，皇位继承人必然是皇帝的儿子。

一切为了生出一个皇子，一个未来的皇帝，在后宫波澜不惊的表象下，充满了嫉妒、仇恨、杀机。

公元 1475 年，29 岁的明宪宗起床后面对镜子，发现自己已经长出几根白发，叹息道："老将至而无子。"我老了，却还没有儿子呢。这时，为皇帝梳头的太监张敏忽然跪倒，向皇帝禀告了一个隐藏了五年的秘密。

原来，宪宗专宠年长自己十七岁的万贵妃，而万贵妃为了独霸后宫，竟然强迫所有怀孕的嫔妃喝药堕胎，而她在自己的儿子过早夭折后，一直未能怀孕，致使明宪宗几乎绝后。

五年前初秋的一天，宪宗在宫内读书的时候，遇到了值班的女官纪氏，纪氏是广西瑶族土官的女儿，端庄伶俐。回答皇帝的问话，举止得体。而这一次偶然的临幸，竟使纪氏怀孕了。

这一切，当然逃不过万贵妃在宫中无处不在的耳目。万贵妃命令宫女给纪氏送去了堕胎药。或许是天意，纪氏被迫喝下堕胎药后，孩子并没有打下来。而早已对万贵妃专横不满的太监张敏等人，向万贵妃谎报纪氏患上重病，按明朝皇宫规定，需要送到北海附近的安乐堂任其自生自灭。

于是，在宫中众人的保护下纪氏躲到宫外，孩子降生，被悄悄哺育成人。

得知真相后的宪宗立刻派人出宫迎接儿子。

一个月后，纪氏去世，太监张敏暴亡。人们都说，是万贵妃所害。

在残酷的后宫杀戮中幸存下来的那个孩子，十三年后登上了皇帝宝座。

“多子多福”，这是中国民间的传统观念。一条铺设在坤宁宫洞房婚床上的百子被，正是这种观念在皇宫里的折射。百子的典故最早出于《诗经》，是歌颂周文王的子孙众多。画面常用谐音谐意，寓意皇帝多福多寿，多子多孙，子孙昌盛，万代延续。

从太祖努尔哈赤起，爱新觉罗一家，始终人丁兴旺。然而，当咸丰皇帝在内忧外患中登基后，皇家血脉忽然间就衰弱下去。

咸丰六年三月，兰贵人在这里生下咸丰皇帝的儿子载淳。由于咸丰长子幼年夭折，载淳成为皇位唯一的继承人。

于是，原本在后宫中地位并不高的兰贵人最终成为慈禧太后，在后来近半个世纪的时间里，她是中国真正的最高统治者。

而慈禧唯一的儿了——同治皇帝，未满二十岁就病死了。同治没有儿子。以同治堂弟身份继承皇位的光绪也没有生育。

无后，对于皇室来说，是最致命的打击，是一个王朝行将覆灭的不祥征兆。

而中国，正进入最哀伤的年代。

年轻的光绪皇帝急切地希望通过一场急风骤雨般的变革改变

这个国家。

公元 1903 年，一位美国人拍摄了一段故宫的影像，这是我们寻找到的有关故宫的最早影像。中国人仰视了五百多年的故宫，在那一年，已经可以被俯瞰，被窥视了。在这段动荡的影像拍摄前四年，公元 1898 年，当皇帝主导的维新变法进行到 103 天的时候，慈禧太后忽然由颐和园秘密返回紫禁城。光绪被软禁，慈禧再度“垂帘听政”。

公元 1908 年 10 月 21 日，在珍妃遇难七年后，羸弱的光绪去世了。一天后，强悍的慈禧太后也去世了。

紫禁城，就像一座巨大的舞台。只是，台上台下之间，有一道厚厚的幕布，始终没有拉开。

公元 1908 年深秋，又一个孩子被送进紫禁城。后来，他被人们称为末代皇帝。

若干年后，这里将不再是皇帝的家。

知 识 链 接

清朝皇子的上书房：自开国起，清朝皇帝就很重视皇子的教育，在雍正时，更是形成了上书房制度。雍正皇帝规定，凡内廷皇子，包括皇孙、皇曾孙，六岁即入学读书，集中教育，皇子成年受封后才出书房。学校地点即宫中上书房，在故宫内乾清门左侧，临近皇帝御门听政之处。为表重视，雍正帝亲笔题写了“立身以至诚为本；读书以明理为先”的楹联悬挂其内；乾隆帝给上书房题的楹联则是：“念终始典于学；于缉熙单厥心。”前半句出自《尚书·说命》，意为从始至终，要经常想着学习；后半句出自《诗经》之《昊天有成命》，“缉熙”指光明，意为时时刻刻要培养心性。

此外，西苑、圆明园两处亦设有上书房。总之，皇上驻跸哪里，皇子就在哪里读书，以便皇上稽查。皇子们在上书房不仅要学习汉语、满语、蒙古语，还要学习骑射、鸟枪、刀枪器械和算数等科目。时间上抓得很紧，规定“卯入申出”，约 5:00—15:00，十多个小时。且皇子们还要提前一小时，即 4 点左右，到上书房复习昨天的功课。“申时二刻”放学后，还要去练习骑马射箭，真正结束已经是 19 时许了。

皇帝对子孙们的学习极为重视，几乎每天都会巡视上书房，尤其康熙皇帝最勤勉，每天 9 点左右都到上书房听皇子们背书，有时间的话，下午四五点还会再来一次，带着大臣们一起听皇子们背书。

严格的制度下，皇子们的学习非常辛苦。清人赵翼在《檐曝杂记》中曾这样形容：“本朝家法之严，即皇子读书一事，已迥绝千古。”康熙皇帝年幼时，刻苦读书，不舍昼夜，曾累到咯血。醇亲王奕譞在《竹窗笔记》中写道：“如届时功课未完或罚书罚字，俟师傅准去吃饭方去，随侍内谙达、太监等无敢催促者，下书房亦然。”

木兰围场和冰戏：木兰围场：中国古代不同的季节打猎有不同的称

呼，春猎为蒐、夏猎为苗、秋猎为狝、冬猎为狩。

木兰围场是清代皇家御用进行秋狝的猎苑。公元1681年，清帝康熙为锻炼军队，在这里开辟了一万多平方千米的狩猎场。清朝前半叶，皇帝每年都要率王公大臣、八旗精兵来这里举行以射猎和旅游为主的活动，史称“木兰秋狝”。

木兰围场北控蒙古，南近京师，右接察哈尔，地处漠南蒙古诸部之中。在这里设置围场可以就近接见、宴请、赏赉少数民族王公贵族，并编班行围，这也是抵御沙俄侵扰、防止少数民族分裂的战略方针。

道光皇帝继位后，废除了秋狝，允许百姓进入木兰围场垦荒。到了清朝晚期，宫廷下令，对木兰围场原始森林进行砍伐，原始森林被砍伐殆尽。

冰戏：亦称“冰嬉”，是古代汉族冰上活动的泛称。这项活动始于宋代，在明朝时期成为宫廷体育活动，在北方民间也较为普遍，项目与宫廷冰戏大体相同。一是在有河的地方设专供游乐的冰床。二是冰上执球与踢球。三是跑冰，穿有铁齿的鞋，溜行冰上，争先夺标取胜。也有从冰山上下滑，称“打滑挞”。四是花样溜冰。五是冰上杂戏。

冰嬉在清朝时作为皇家冬季的消遣，十分盛行。故宫博物院所藏的《冰嬉图》描绘的就是清朝时宫廷冰嬉的盛大场面。冰嬉多在春节时集中表演，如舞龙、舞狮、跑旱船等，表演的人都在滑行中献艺。

如今在故宫博物院里所收藏的150万件文物中，约35万件是瓷器。绝大多数都是这座宫殿所独有的，它们与生活在这座宫殿里不同时代的主人，发生过很多故事。斗转星移之间，它们大都成为今天我国引以为豪的经典艺术品。

第六章　故宫藏瓷

想看视频？扫一扫

◆ 斗彩三秋杯（明成化）

◆ 慈禧御用大雅斋瓷器（清光绪）

故宫博物院东南角的南三所，曾经是紫禁城里皇子居住读书的地方。故宫博物院的古器物部就在这里办公。

现年 84 岁的耿宝昌老人，已经在故宫工作近 50 年。在这近 50 年里，他每天最重要的工作，就是研究、鉴定和抚摸这些瓷器。

瓷器，是我们这个善于创造，并深赋美感的民族曾经独有的。

它有火的刚烈、水的优雅、土的敦厚。

中国人把看似普通的泥土，在水与火的灵动下，在中国人心灵与精神的升华中，成就出这种美丽的器皿。

它曾经是武则天供奉佛指舍利的至尊之器；

是宋徽宗宫廷院落中雅致的摆设；

是元世祖进行东西方贸易的贵重商品；

是永乐皇帝赐予外国使臣的珍贵礼物；

是雍正皇帝亲自参与创作和设计的艺术品；

也是中国每一个老百姓生活中不可或缺的东西；

更是这个世界上最大的宫殿中随处可见的珍宝。

它跨越千年的时空，成为今天紫禁城里人类共同的文化遗产。

如今在这座博物馆里所收藏的150万件文物中，约35万件是瓷器。据耿宝昌先生介绍说，这些瓷器他都曾亲自鉴定过。而在这其中，和他最有缘分的，是一对高不过两寸的小瓷杯。它是明成化斗彩三秋杯，是故宫博物院里最珍贵的藏品之一。

70年前，当耿宝昌先生在琉璃厂的古玩店做学徒时，就曾和它有过一面之交。

这对瓷杯最初的主人，是统治大明帝国的成化皇帝。

据传说，明成化十七年，也就是公元1481年，主持日常朝政的大臣们，已经很久没有见到他们的皇帝了。此时的皇帝朱见深，经常和自己最宠爱的万贵妃，在后宫里寻欢作乐。

为了讨这个比自己大17岁的女人的欢心，成化皇帝命令景德镇的工匠，特制出一种小巧玲珑的酒杯给她把玩。这种绘有子母鸡图案的酒杯，叫成化斗彩鸡缸杯，目前世界上仅存十几只。

而绘有蝴蝶、兰花和小草图案的成化斗彩三秋杯则更为珍贵。世界上保存完好的仅有一对儿，现在珍藏在故宫博物院的这些小小的杯子一出世不久，就被当时的文人，称赞为天下酒器中的极品，其鲜嫩而淡雅的风格旷绝古今。

时间已经过去了500多年，成化皇帝和万贵妃曾经把玩过的这些瓷器，有的至今仍然被收藏在这座宫殿里，有的已经散落在世界的不同角落。

现在故宫博物院收藏的35万件瓷器中，绝大多数都是这座宫殿独有的，这些瓷器与生活在这座宫殿里不同时代的主人，发生过很多的故事。斗转星移之间，它们大都成为今天我们中国人引以为豪的经典艺术品。

它是温润的玉，它是晶莹的冰，它是山水之间的青翠。这是中国历代文人雅士，对这种瓷器的赞美——它就是秘色瓷。在将近数百年的时间里，关于这种瓷器，有很多神秘的传说。关于它是否存在，关于它的来历和名称，曾经众说纷纭没有定论。直到公元1987年，13件秘色瓷，在陕西法门寺地宫出土，这种争论才结束。目前仅存于世的秘色瓷数量尚无考证，故宫博物院在新中国成立后，收购有3件藏品。这种神秘的瓷器，即便是明清两代的皇帝，也难以见到它的真容。乾隆皇帝曾经作诗感叹：李唐越器人间无，赵宋官窑辰星看。

在中国古代历史上，最稀少和最美的东西，往往会被皇家垄断。明洪武二年，御窑厂正式在景德镇设置。这是中国历史上第一家真正意义上的官窑。它由朝廷督办，集中全国最好的工匠，用最好的瓷土，专门生产皇家使用的瓷器。这些瓷器禁止民间使用和买卖，烧制手段和配方对外严格保密。贫穷出身的朱元璋，也就是在设置官窑的这一年，出于节约的目的，规定将祭拜天地的礼器，改为瓷器。过去这些礼器，都是用金银器和玉器制作的。后来明成祖朱棣，带头将吃饭使用的玉碗换成瓷碗，还将随葬时的明器、对海外臣国的赏赐换成了瓷器。

目前收藏在故宫博物院的明永乐青花压手杯，在它的内底写有“永乐年制”的字样。这是中国官窑瓷器上，第一次出现皇帝的年号。从此以后，新皇帝登基，都会在他新烧的瓷器上，写上自己的年号。这也成为中国官窑瓷器最显著的特征之一。在皇帝的提倡和带动下，明朝瓷器的烧造水平又得以提高，并开始步入大规模生产。那个时候，景德镇“工匠四方来，器成天下走”，成为中国制瓷业的中心。一位到过景德镇的法国传教士，形容其制瓷的壮观场面“白天浓烟遮蔽了云彩，晚上窑火映红了夜空”。那些烧制好的瓷器，将被带到世界上各个文明地带。那些从扬

♦ 秘色瓷——青釉把棱瓶（唐越窑）

♦ 年款——雍正年制

州、广州、泉州出发的，中国的、波斯的、葡萄牙的和英国的船队，满载着瓷器，驶向印度、阿拉伯半岛、欧洲甚至非洲。也就是在这个时候，在这里烧造的最精美、品质最高贵的瓷器，只会运往一个地方，那就是北京紫禁城。

现在故宫博物院不仅收藏着专为皇家烧制的御用瓷，也收藏着元明时期向海外输出的贸易用瓷。其中最具代表性的就是青花瓷。这种白底蓝彩的瓷器淡雅青翠，被后世称为人间瑰宝。

公元 2005 年 7 月，在英国佳士得拍卖会上，一件元代青花瓷，拍到了 2.3 亿元人民币，这创造了亚洲艺术品拍卖的最高的纪录。

中国青花瓷起源于唐，兴盛于明。它的制造，到了明代，无论是数量还是品质，都达到了巅峰。这里最具代表性的，是故宫博物院收藏的永乐宣德青花。永宣青花，采用郑和从西洋带回来的外来青料，俗称苏麻离青。用这种颜料能烧出浓艳的色彩，它在瓷器表面，形成独特的斑点，造成了类似中国水墨画般的晕散效果。

就是这一时期的青花瓷器，与茶叶、丝绸一起，作为最受欢迎的中国商品，被运往亚、欧、非三大洲。从元到明，大规模的海外运输中，到底有多少艘运送中国瓷器的船只，被大西洋还有印度洋的波涛吞灭，已经无人可知。幽深的海底，沉睡着多少秘密，每次打捞，都有激动人心的发现和让人意外的惊喜。

陶瓷质地脆弱，非常容易损坏。在高温烧制的过程中，发生的复杂变化，往往是难以预料和控制的。所以中国古人说，一件好的陶瓷烧成，要具备天时、地利和人和。一些器型、质地、图案和色彩俱佳的精品，甚至是工匠们终其一生而求之不得的。

但精品依然流传到了今天。

耗费很多人力、物力烧造的官窑之作，据说稍有瑕疵便会被当场砸碎，就地掩埋。在今天景德镇明代御窑厂的遗址，我们可以清晰地看到，埋藏在那个年代土壤里的官窑青花碎片。而在紫禁城里埋藏碎瓷片，也曾经是太监们的一项日常工作。据记载明清时期，皇宫内所使用的瓷器，即使破损了，也不能随便处置，必须找专门的地方掩埋，不能有一片碎瓷流出宫外。故宫博物院成立后，在院内多处施工时，挖出过大量各个年代的陶瓷器碎片，完全证实了这一记载。

从故宫院内挖出的碎瓷片，已经成为陶瓷专家研究古代陶瓷的最好标本。而清洗瓷片，也就成为故宫博物院古器物部陶瓷组经常进行的主要工作之一。

皇家之物就会被打上皇帝的印记，皇帝的审美情趣、性情爱好以及他的政治抱负，都会深深地影响不同时代瓷器的制作。

大清顺治十八年正月初七，八岁的康熙皇帝刚刚登基。专管宫中事务的司礼大太监吴良辅，便被孝庄皇太后下令捕杀。由明朝设立的太监专权的十三衙门被撤销，另立内务府。内务府由皇上直接任命亲信管理，负责宫中的一切事务。内务府下设的造办处，掌管宫廷内一切器物的制造。下设如意馆、金玉作等几十个部门。瓷器的生产，则由内务府总管直接负责。

从康熙开始，清朝皇帝对瓷器烧造所投入的心血，远远地超出前朝君王。但康熙对中国瓷器最大的贡献，是他创造了世界上独一无二的珐琅彩瓷。那个时候，法国传教士进贡来一些铜胎画珐琅，让康熙皇帝一见钟情。他决定在宫中尝试制造，并将这种珐琅工艺，移植到他所喜爱的瓷器上。为了全力烧造珐琅彩瓷器，康熙皇帝在造办处下专门设立了珐琅作。

瓷胎画珐琅的烧制方法，和其他瓷器是不同的。它是唯一在皇宫中搭窑烧制的御用瓷器。当陶瓷的素胎在景德镇烧好后，再将素胎运至紫禁城内，由宫中画师画上图画，上好彩料，然后在宫中烧制。为了方便康熙随时亲临作坊巡视督察，烧制珐琅彩的小窑搭设在了养心殿。一件瓷器，由皇帝直接授意、亲自过问并且就在皇宫内烧制完成，这在中国乃至世界是绝无先例的。

♦ 青花人物六方花盆（清康熙）

♦ 珐琅彩西洋仕女图器物（清乾隆）

铜胎画珐琅来自西洋，康熙广为召集会画画的外国传教士。甚至每见到一个传教士，就会问他是否可以作画。如果回答是，那么这名传教士，就会被半强制地请进宫内，与工匠们一起烧造珐琅彩。康熙五十六年的三月，来自意大利的传教士马国贤，在给欧洲同行的信中这样写道：中国皇上开始非常喜欢欧洲珐琅画，命欧洲画家来画珐琅，我们必须一整天和卑贱的工匠们同作息，于是我们言称不曾学过画珐琅，而且也故意不学此技术。我们将画画得奇劣无比，直到皇帝下旨作罢。

在康熙皇帝的直接督管下，珐琅彩瓷器，终于在康熙去世前烧制成功。这一时期康熙珐琅彩，还是和铜胎画珐琅风格一致，图案多以花卉为主，珐琅颜料也全部依靠外国进口。

公元 1723 年，雍正皇帝继位。他继承了父亲的江山，也继承了康熙皇帝对珐琅彩的酷爱。但是在雍正六年以前，珐琅彩瓷器进展还是比较缓慢。在康熙到雍正六年以前这段时间，珐琅彩瓷器用的珐琅料，还需从西洋进口，颜色也只有八九种。雍正皇帝登基以后，当时就让他最信赖的十三弟允祥来负责内务府造办处的工作，也具体参与珐琅彩瓷器的烧造。到雍正六年，国产珐琅料终于炼成，而且烧炼出来的花色品种比进口料还要多，足以保证珐琅彩瓷的创新需要。

雍正对珐琅彩瓷器的痴迷，比他的父亲康熙有过之而无不及。他在处理繁忙的政务之余，还经常亲自设计瓷器的样式。对使用的原料、绘画图案乃至器物的高矮尺寸，都要一一过问。

雍正六年二月十七日这一天，雍正皇帝处理了多件国家大事。上午他先到中和殿、保和殿，检视第二天到先农坛祭祀的准备工作。回到养心殿后，他批阅了三份奏折，又发了两道谕旨。就是在这样繁忙的情况下，他还对珐琅器的器型、花样、材料做出了细致的批示。

雍正时期的珐琅彩瓷器跟康熙时候的风格有所不同，这时期的珐琅彩瓷器基本上摆脱了铜胎珐琅彩的影响，而直接让当时著名的宫廷画家用珐琅料在白瓷胎上彩绘。在这些瓷器上，出现了中国传统文人所崇尚的梅兰竹菊和意境悠远的山水画。

在中国八千年陶瓷发展史上，珐琅彩瓷器是中国古陶瓷顶峰期的作品，它代表了中国陶瓷制作的最高水平。

雍正在信奉藏传佛教的同时，也深受道家文化的影响。他崇尚天人合一，追求古朴自然。所以，以沉静雅素为风格的宋瓷，深受雍正皇帝的喜爱。雍正对宫廷瓷器的另一个贡献，是他使宋代五大名瓷的仿烧达到了历史上的最高水平。

雍正八年八月初七这一天，皇帝来到文华殿经筵讲学。而就

♦ 慈禧御用品大雅斋瓷器（清光绪）

在这一天，他还下令要求御窑厂仿烧宋代钧窑瓷器。

钧窑瓷器，以红蓝相间的钧红釉闻名于世。民间一直有“黄金有价钧无价”“纵有家产万贯，不如钧瓷一片”等说法。

宋代五大名瓷中，传世最少的是汝瓷，据传说宋徽宗曾做过一个梦，梦到了雨过天晴后天空的颜色，他非常喜欢。汝窑工匠按照他的要求，烧成了这种淡青色的瓷器。这种美轮美奂的瓷器传下来的，全世界不足百件。北京故宫藏有20件，现在一部分在台北故宫，一部分散落在世界各地。

明代《宣德鼎彝谱》中记载：“内府所藏，柴汝官哥钧定。”从这个记载中，后世得知，宋代有五大名瓷流传于世。紫禁城所藏的宋五大名瓷，曾为宋朝皇家御用珍瓷。其中哥窑釉面布满开片，开片由深黑色大开片与褐黄色小开片交织而成，俗称金丝铁线。官窑瓷器，以粉青釉色为最大特点，造型典雅古朴。定窑是宋代五大名窑中，唯一一个烧白瓷的瓷窑。定窑瓷器讲究刻花印花装饰，它的印花水平居宋代各窑之首。

这些瓷器，目前是故宫最珍贵的藏品之一。它们是中国瓷器制造史上的第一个历史高峰。

中国瓷器的工艺水平，在清朝康、雍、乾时期达到了又一个高峰。乾隆即位，此时中国正经历着封建王朝最后一个太平盛世。而这个时候，作为陶瓷中心的景德镇人口竟达百万。而为皇家制瓷的御窑厂作坊多达 23 个。

乾隆三年，皇帝命宫廷画家为他绘制《陶冶图册》。这本图册详细地记录了御窑厂的生产状况，展示了乾隆官窑开发的新技术，对官窑瓷器生产的二十个工序，进行了详细描述，将整个官窑烧制流程规范化了。乾隆以帝王之尊，亲自策划陶瓷的生产。包含着乾隆想表达亲民勤政，以德治理天下的政治理想。

祀神酬愿，是《陶冶图册》中记载的陶瓷生产中很重要的一道工序。关于这个工序，曾有这样一个传说。明万历年间，根据朝廷命令，烧制大龙缸，每每失败。期限将至，工匠将受到惩罚。一个叫童宾的工匠忧心如焚，为救这些人，自己跳进窑火中，大龙缸终于烧成。

后人为了纪念他，供奉其为窑神。每次烧窑前，都要烧香祀拜，以求保佑烧窑成功。

《陶冶图册》上的这些文字，是一个叫唐英的督陶官奉命撰写的。唐英十三岁起在养心殿做杂役，他善画能诗，还擅长编写剧本。雍正六年，唐英因办事干练受到赏识，而被派驻景德镇御窑厂监督窑务，做督陶官年希尧的助手。他用三年的时间，谢绝一切社会活动，和工匠们同吃同睡，苦心钻研。在雍正九年的时

♦ 雍正帝道装像

候，他已经从一个外行变成技艺精湛的陶瓷业专家。

在乾隆二年，唐英成为正式的督陶官。他督导陶务前后二十多年，在这期间景德镇所制的陶瓷被后人公认为瓷中珍品。无论在品种的仿古创新方面，还是在器物的制作技艺方面，都达到了空前未有的水平。唐英因此而成为历史上最不同凡响的督陶官。

乾隆时期，陶瓷生产的管理更为严格。尤其是对督陶官的要求甚严，颇似今天的问责制。

那个时候，即使像唐英这样的人，也会动辄受罚。

乾隆十三年，年已66岁的唐英，接到了乾隆皇帝的圣旨：此次唐英进呈瓷器，仍系旧样，为何不照所发新样烧造进呈。将这次呈进瓷器钱粮，不准报销，著伊赔补。

结果这次烧造的467件瓷器，所有的费用全部由唐英自掏腰包。

如今保存在北京故宫博物院的一件粉青釉交泰瓶，正是当年唐英进呈的创新之作。“交泰”是取《易经》中，天地交泰，即天地相交，时运亨通之意。它上下两部分互相勾套，既可活动，又不能拆开。还有一件也是唐英烧制的，粉彩八卦如意转心交泰瓶，现在被收藏在台北故宫博物院。

乾隆本人表现于对瓷器的关心，其实与他关注别的文化事业一样，表达了强烈希望创造非凡与超前的理念。乾隆皇帝无微不至地参与和督陶官的努力，使得乾隆官窑出现许多创新之作。

景德镇御窑厂曾为乾隆皇帝烧制了一件大瓷瓶，是中国陶瓷史上上佳的作品。这个高将近 87 厘米的大瓷瓶，被称为瓷母。它总共汇集了 15 种釉彩，16 道纹饰，彩绘 12 幅吉祥图案。此前历朝历代都未能烧制成功，这样硕大且工艺复杂的精美器物，印证着乾隆皇帝对自己“十全老人”的评价。

当乾隆拥有这件登峰造极之作时，他自己统治的这个帝国，正创造着中国历史上文化和艺术的一处高峰。他拥有的疆土如此广大，生活在这片土地上的民族如此多姿多彩。但是随后的五十年内，这个王朝将面临从未有过的困境和灾难。他的儿孙们，不再享有天朝大国的安宁和富强。一个王朝的败亡很快到来，在此后的岁月中，中国的宫廷御制瓷器每况愈下。直到宣统三年，清朝灭亡，官窑生产成为历史。而紫禁城所拥有的跨越千年历史的瓷器珍宝，也在这个历史的动荡中，开始散落民间。

从清末开始，一大批藏于深宫的瓷器珍品，先后流失。历经战乱、坎坷，辗转国内、海外，留下许多人与物之间情感与缘分的故事。

当成化斗彩三秋杯从宫廷流入民间后，耿宝昌与它的第一次接触，就发生在20世纪30年代的那个乱世之秋。20年之后，耿宝昌与稀世珍宝三秋杯再次相逢。也就是在那个时期，故宫博物院的瓷器收藏，又开始了新的一页。新中国成立后，先后有两万多件瓷器，陆续被收藏进故宫博物院。

公元2005年9月26日，从18世纪沉没的瑞典“哥德堡号”商船上打捞上来的181件中国外销瓷，在故宫博物院午门城楼展厅展出。展览过后，它们中将有18件永久留在故宫，成为故宫博物院35万件藏瓷中新的成员。

知识链接

故宫藏瓷：瓷器馆作为常设展馆，设在外朝文华殿区，位于太和门广场以东。故宫博物院堪称中国最大的古代艺术品宝库，其中收藏陶瓷类文物约35万件。正殿文华殿和主敬殿为第一展室，两个配殿本仁殿和集义殿为第二、第三展室。400余件陶瓷精品既体现出从陶器到瓷器的纵向演变，也反映出官窑与民窑的齐头发展。

历史上的御窑：公元1279年，元世祖忽必烈在珠山设浮梁瓷局，负责为皇家监造御用瓷。而后，明太祖朱元璋将浮梁瓷局改建为御器厂，清康熙年间又改称御窑厂。直到公元 1911 年止，在这 632 年间，御窑厂的规模不断扩大，建有衙署、作坊、窑房以及附属的祠、庙、亭、阁等。这里集中了最优秀的人才，最精湛的技艺，最精细的原料，最充足的资金，造出了许多精美绝伦的瓷器，成为真正的无价之宝。

最初进入这座皇城的书画来自元代宫廷旧藏。作为胜利者，明王朝接管了属于前代王朝的一切遗物。这些曾经被元代宫廷保管的珍贵书画，被新主人钤上了新的印章。

这样轻轻一印，历史就又翻过了一页。

第七章　故宫书画

想看视频？扫一扫

♦ 乾隆御笔山水画

二百多年前，一个名叫弘历的皇帝常常独自坐在一个不足6平方米的小暖阁里，静静地欣赏着三件堪称绝世珍品的书法。它们分别是王洵的《伯远帖》、王献之的《中秋帖》和王羲之的《快雪时晴帖》。弘历认为，这是整个大清帝国汪洋般的宫廷书画收藏中，最精致的三件东西，为此他特意将这间小屋改名为“三希堂”。

正是这位爱好书画的皇帝，成就了整个清王朝的宫廷书画收藏，中国的书画收藏史也因此留下了绚烂的一笔。在乾隆皇帝当政的半个多世纪里，他将这座皇家宫殿变成了中国最大的书画博物馆！

今天，当人们置身其中的时候可能想不到，在这样一片宫殿里，曾经存放过中国历史上最精致的心灵的证明。将近六百年的岁月中，就在这些宫殿里，它们传递着华夏文化的审美价值和观念。今天，它们依然深入我们这个民族的内心世界。

对于一位肩负治国重任的当朝皇帝来说，收藏书画不过是个人微不足道的消遣爱好，但恰恰因为弘历是个皇帝，而且还是个盛世帝王，他个人的这种风雅情趣就引发了一次历史空前的书画大聚集。几乎所有中国美术史上最重要的作品，都在他在位的六十年间进入了紫禁城。今天我们能够在故宫博物院里看到的那些最珍贵的书画文物，大多源自弘历的毕生收藏。

让我们先来回顾一下乾隆朝之前紫禁城里的书画收藏史。最初进入这座皇城的书画来自元代宫廷旧藏。作为胜利者，明王朝接管了属于前代王朝的一切遗物。这些曾经被元代宫廷保管的珍贵书画，被新主人钤上了新的印章。这样轻轻一印，历史就又翻过了一页。

然而明王朝的开国皇帝朱元璋对这些前代书画并没有太多的兴趣。宋代大画家李公麟的如花妙笔，在他眼里不过是一大批军用物资的图像，“思得多马，牧于野郊，有益于后世子孙，使有防边御患”，这位马上皇帝欣赏的似乎只是广备军马的战略意识。

整个明王朝的宫廷基本上没有什么积极的书画收藏活动，唯

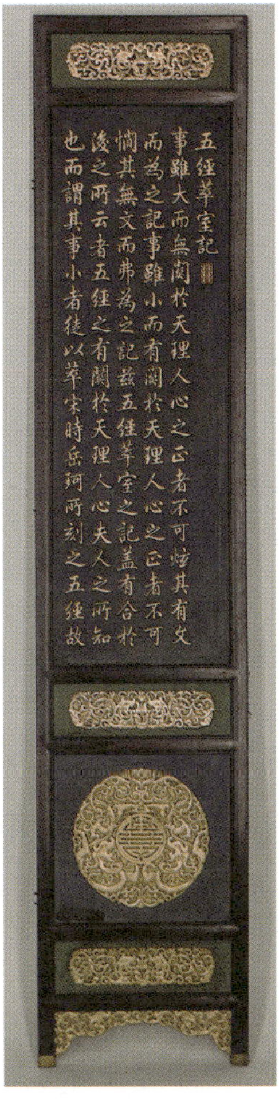

◆ 乾隆御笔“五经萃室记”金书围屏

一值得一提的，只是查抄犯罪大臣家产的收获。

万历十年，富藏书画的权相张居正去世，他生前为自己谋取私利的事逐渐被政敌揭发。万历皇帝是历史上少有的性格古怪的人，他最大的特征是小气和贪财。虽然我们无法解释，一个富有四海的人为什么会对金银财宝那么感兴趣，但确实当有人提到张居正富可敌国的财产时，一直保持沉默的万历皇帝终于动心而且愤怒，抄家行动迅速开始。

就这样，臣子家藏的书画变成了宫廷内府收藏，但这似乎更像一场财富的转移，整个过程与艺术本身无关。

不但入藏有限，明王朝的宫廷书画还不断地流失，而最主要的原因居然是开军饷。

当崇祯皇帝在煤山脚下上吊的时候，他身后的紫禁城早已经空空如也。

而后，新朝来临。

从关外来的铁骑，很快证明了自己对正统中国文化的兴趣。等到这个王朝“盛世”开始的时候，它已经拥有一个开明且有深厚汉文化修养的君主。

康熙皇帝的身边聚集了一批汉族文臣，他们得到皇帝格外的优待。这里面有一个叫高士奇的人特别值得一提。

♦ 张居正

高士奇不但逢迎乖巧，而且格外精明，在向皇帝进献书画这件事情上，他胆大到竟然敢欺骗皇帝。

他进献给皇帝的书画都记载在他的一本书——《江村销夏录》中。

在这本书里，高士奇对每件书画的外观特征详细记载，但对书画的真伪优劣却都没有说明。

事实上，除了公开出版的《江村销夏录》之外，高士奇编纂的书画目录还有另外一部，后世称之为《江村书画目》。

翻开高士奇自己的批注，他的用心一目了然。做工精细的假画是可以拿来进献皇帝的；真正有价值的名作真迹，则要永远秘密地珍藏在自己手中。

不过高士奇死后，他的全部藏品还是进入了皇宫内府，纵然他对书画着迷且精明过人，可他的心机还是斗不过时间和皇权。

高士奇去世 32 年后，弘历登基，年号乾隆。乾隆皇帝在热衷书画方面可算与当年的高士奇不相上下，不过当年他在“三希堂”赏玩他最珍爱的三件书帖的时候，却并不知道，他手中署名王羲之和王献之的作品，其实是唐宋时期的仿本，只有王洵的《伯远帖》是东晋时期的真迹。尽管如此，但这些收藏也足以值得夸耀了。

♦ 乾隆观画轴（清）

♦ 富春山居图（局部）（元）黄公望

像“三希堂”三帖这样有着千年历史的书画作品，在进入紫禁城之前都经历过无数惊险。让我们再次回顾一下，中国书画收藏史上那些令人心痛的劫难：

在1400多年前的南北朝时期，梁元帝萧绎被西魏军队围困在江陵城，在投降前夜，萧绎将他收藏的十四万卷囊括天下精华的书画典籍，一夜之间焚毁。

1400年前，隋炀帝沿运河下扬州，东都洛阳收藏的书法名画随船前往，途中船只倾覆，随行书画大半落水。

距今800多年前，金兵攻陷汴梁，宋徽宗的空前收藏从此散落流失……

了解了这千年传承的惊心动魄，当我们再回到当年弘历赏玩三希书帖的这间小屋，就不难体会，无论是在乾隆年间还是在今天，能够看到属于那个时代的真迹，是多么弥足珍贵。

千年以来，书画的聚散流迁总与帝王命运、王朝更替相关。今天我们还能够在故宫博物院的展厅里看到这样的作品，则与300年前那场改朝换代有着千丝万缕的联系。

明末战事四起，大量宋元以前的书画珍品流散民间。到清康熙年间，随着社会逐步安定，民间书画精品渐渐汇集到少数大收藏家手中。等到乾隆皇帝开始从民间收画的时候，摆在他面前

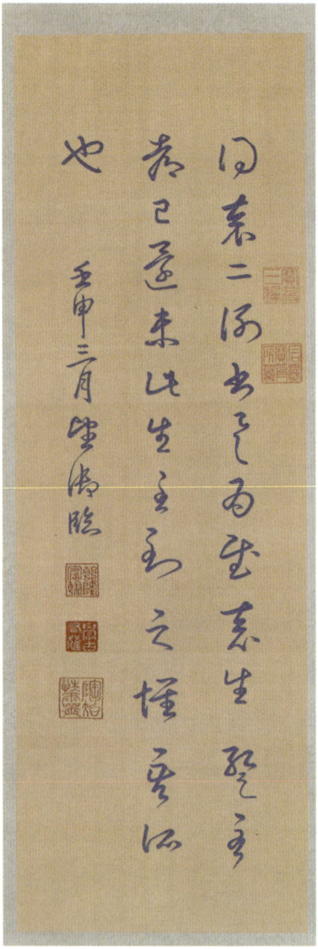

◆ 缂丝御临王羲之袁生帖卷（清乾隆）

的，简直就是几个现成的书画精品库。

这些书画入宫前，它们在民间的主人用加盖鉴藏章的方式，将自己的印记永远地留在了画卷上。就是这些印章，记载下了每一幅书画的命运变迁。

《雪景寒林图》是北宋大画家范宽的作品。它曾经为故宫旧藏，现在则是天津博物馆的镇馆之宝。这幅画自问世以来，一直在民间流传，到清朝康熙年间，被天津一个名叫安岐的大盐商收藏。

康熙末期，安岐在天津贩盐发家，之后他就开始大量收集古书画，并将自己的收藏著录成书，这就是《墨缘汇观》。从书中的记载来看，当年安岐所藏的书画不但数量庞大，而且多为年代久远的名家珍品。

然而到乾隆初年，由于天津盐场外迁，新兴盐商取代了老盐商，安家也随之败落。

安岐手中这一大批书画精品，陆续被宫廷收购。

在乾隆皇帝得到的这些安岐藏品中，有一幅山水画格外特殊，甚至还因为它引出过一段书画收藏史上的笑谈，这就是元代大画家黄公望的名作《富春山居图》。

这样一幅中国文人绘画的巅峰之作，在后来的300年间被世人竞相收藏。明末，一个叫吴问卿的人得到了它。吴问卿对这幅画爱不释手。《富春山居图》后面有题跋记载，此人无论吃饭睡觉都要带着它，在兵荒马乱的时候，什么家财都可以不要，这卷《富春山居图》却要一直带在身边随自己一同逃难。正因为吴问卿太爱这幅画，他临死的时候，便决定将它烧掉为自己殉葬。

当时《富春山居图》已经被吴问卿扔进火中，眼看一代宗师的名作就要化为灰烬，这时，是吴问卿的侄子偷偷用其他画卷将它从火盆中换了出来。但即使如此，抢救出来的《富春山居图》也已经被烧成了两段。

《富春山居图》一分为二后，被吴家分别加以装裱。启首一段装裱成为后来的《剩山图》，如今被存放在浙江博物馆。而保留了原画主体内容的另外一段，在装裱时为掩盖火烧痕迹，特意将原本位于画尾的董其昌题跋切割下来放在画首，这便是后来弘历得到的《富春山居图》无用师卷。

重新装裱后的无用师卷虽然不是原画全貌，但画中清润的笔墨、简远的意境得以保留。这幅开创了中国山水画新风格的传世巨作，辗转经过多人收藏，最终被安岐买到。

安岐过世后，《富春山居图》无用师卷在乾隆十一年的冬天来到了弘历面前。但此前弘历已经得到一卷《富春山居图》，也就是那幅最著名的假《富春山居图》，后世称之为子明卷。

子明卷是明末文人临摹的《富春山居图》(无用师卷),后人为牟利,将原作者题款去掉,伪造了黄公望题款,并且还伪造了邹之麟等人的题跋,这一切都把弘历蒙骗了。

事实上子明卷仿制的漏洞并不难发现。元代书画上作者题款都是在绘画内容之后,而子明卷却将作者题款放在了画面上方的空白处,这明显不符合元代书画的特点。但弘历的书画鉴赏水平显然并不足以看出这些漏洞。这幅后人仿造的《富春山居图》子明卷不但被他视为珍宝时时带在身边,而且真迹无用师卷的出现,也没让他推翻自己的错误判断。

他一边坚定地宣布无用师卷是赝品,一边又以不菲的价格将这幅所谓的赝品买下。理由是,这幅画虽不是真迹,但画得还不错。为此他还特意请大臣在两卷《富春山居图》上题跋留念。来观画的大臣无一例外地歌颂了皇帝热爱艺术、不拘泥真伪的广阔胸怀,谁也不敢点破这幅画就是真迹。

不管弘历的鉴定结论何等荒谬,安岐所藏的《富春山居图》真迹确实从此进入宫廷。就在乾清宫里,它被静静地存放了近200年。直到公元1933年随其他文物一起南迁。而今,这真伪两卷《富春山居图》都被存放在台北故宫博物院,共同见证着中国书画收藏史上的一段笑谈。

公元 1799 年，弘历去世。此后，他的儿子嘉庆皇帝在书画收藏方面就没有太多作为。这不仅是因为嘉庆不如乾隆那样风雅，更是因为弘历确实已经在有生之年几乎囊括了天下收藏的精华部分。

为了表示对父亲心爱之物的珍重和缅怀，嘉庆皇帝决定，将乾隆平时珍玩的书画器物全部封存。延春阁就是嘉庆封存乾隆主要书画珍藏的旧址，因为原建筑毁于公元 1923 年的一场大火，今天我们只能通过当时画师的笔墨领略它的风采。尽管弘历的收藏雅兴没有被遗传，但嘉庆时期，这栋延春阁，还是有一批书画入藏，其中就包括那幅著名的《清明上河图》。

《清明上河图》问世之后，它的第一位收藏者是宋徽宗。而后，战争和朝代更替使《清明上河图》真迹的流传始终充满神秘感，直到明代权相严嵩倒台，它才随着严嵩被查抄的家财一起进入宫廷。但没过多久这幅画就又从宫中神秘地消失，而这里面的关键人物，就是《清明上河图》最后一段明代题跋的作者——大太监冯保。

冯保通过不可告人的途径得到《清明上河图》的同时，在京城坊间开始迅速地流传起这样一种说法：宫里一个小太监偷偷把《清明上河图》盗出库房，逃跑时怕被人撞见，慌乱中便将画

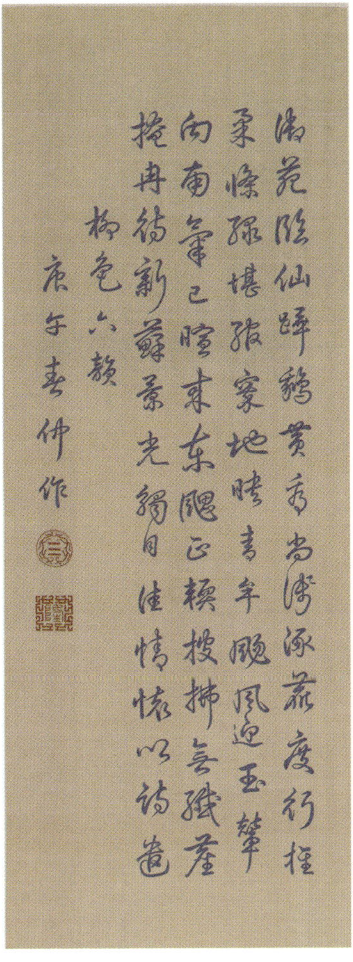

◆ 缂丝御临柳色五古诗轴（清乾隆）

卷藏在某处宫殿的排水孔洞里，准备日后再夹带出宫。不料天不遂人愿，当日就下起瓢泼大雨，而且一连下了三天。排水洞里的《清明上河图》被水浸泡，取出来时已经糟烂不可收拾。

通过种种线索，今天的书画专家推测，当初《清明上河图》被毁的传说，很可能就是冯保为掩盖自己盗画罪行而故意放出的风声。

自从离开紫禁城，《清明上河图》便又销声匿迹，直到嘉庆四年，也就是乾隆去世的那年，它才又重新回到这座皇城。

因为乾隆的去世，权臣和珅被迅速扳倒。早在两年前去世的湖广总督毕沅，因为被查出有交结和珅的行为，死后被抄家。《清明上河图》又一次出现在查抄物品中。

这次，它被郑重地存放在延春阁，毕生热衷于书画的乾隆皇帝，终究没能在有生之年一睹它的真容。

盛名之下的《清明上河图》到底有着怎样的魅力，令人们几百年来追逐不断。

如此精妙的《清明上河图》进入紫禁城后，于嘉庆十年被编入《石渠宝笈三编》。此后，清宫的入藏就没有什么精彩可言了。而乾隆朝耀眼的书画收藏则以登记造册的方式被记录了下来。

早在乾隆八年，弘历就决定，要将内府收藏的书画进行一次

♦ 雍正佛装像

♦ 雍正读书像

大规模的整理。首先，将有关佛教和道教的作品编撰成目录《秘殿珠林》；第二年，包含全部书画藏品的《石渠宝笈》开始编撰。这是一次规模空前的整理工作，它将为存在了两千年的中国宫廷书法绘画收藏画上一个句号。完成后的《石渠宝笈》，包括续编、三编共成书 225 册。这是明清两代 600 年宫廷收藏的总结。也是历代帝王收藏的最后规模。全盛时期的清代宫廷收藏，大约有 10000 件以上，其中晋唐宋元书画 2000 件，明代书画 2000 件，这就是中国古典书画作品当时的最大规模。

在故宫数以万计的藏画中，除了帝王收藏的这些历代名家作品之外，还有一些当朝宫廷画师创作的绘画作品。

雍正皇帝尤其喜欢让宫廷画师创作类似于今天“模仿秀”的行乐图。或许正因为忙得没有时间娱乐，这位雍正皇帝才对这种创作尤为偏爱。在这些行乐图里，胤禛一会儿是山间行走的老翁，一会儿又与猕猴嬉戏，这一刻他还在端坐抚琴，下一刻又变成独钓寒江的蓑笠翁。

除了行乐图之外，宫廷绘画更重要的任务是记录皇帝的功德成就。清王朝的帝国政绩就这样以书画的形式被记录下来。公元 1911 年，民国政府建立，清王朝近 300 年的统治结束，而以宫廷绘画记录历史的方式，也早在此前被来自西方的照相技术取代。

今天我们已能从照片里看到溥仪的少年光景。正是这个少年曾策划了一场大规模的盗窃活动，盗窃的目标，主要是当时存放在故宫里的那些珍贵书画。

溥仪的书画鉴藏印之一，其印文的风格式样，与乾隆皇帝当年所用如出一辙。这是他退位之后，在师傅们的张罗下，模仿乾隆皇帝的风雅所刻的整套印章中的一枚，而后，这个少年就持着这些印在故宫旧藏书画上大盖特盖起来。经他“御览”过的书画，有一千多件被他和胞弟溥杰偷偷盗运出宫，而这一切都是在“赏赐”的名义下进行的。故宫几百年积累的书画精华，几乎被这对十几岁的小哥俩蚂蚁搬家似的盗取一空。直到公元 1924 年溥仪被驱赶出宫，盗宝活动才被迫终止。

之后，《中秋帖》和《伯远帖》辗转被当时北平最大的收藏家郭葆昌买到。十余年后，新一代收藏家崛起。张伯驹是新一代中有名的爱国收藏家，他与夫人潘素为保护国宝不流失海外倾尽家财，许多国宝都是他们夫妇后来向国家捐献的。公元 1935 年，就是他们向郭葆昌提出求购二帖。

新中国成立前，二帖被郭葆昌的儿子带到香港，公元 1951 年年年底，在周总理直接批示下，二帖被以 458000 港元购回。

百年沧桑，“三希”中的“二希”历经坎坷但终究回到了故

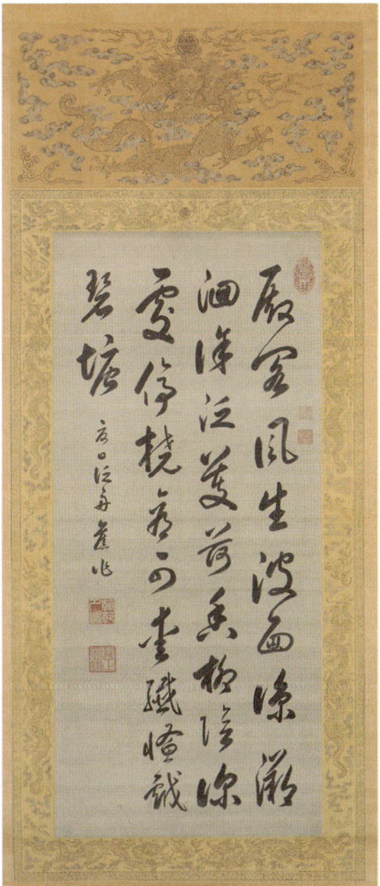

◆ 雍正御笔夏日泛舟诗轴

宫。在特定的展出日子里，前来参观的游人可以亲眼见到这两件曾经被乾隆皇帝珍爱的书帖。而当年溥仪出宫时仍留在宫中的《快雪时晴帖》，则在抗战前文物南迁的时候，与其他珍贵文物一起被转移到南京。公元 1949 年它又被运往台湾，现在被存放于台北故宫博物院。

“三希堂”三帖是幸运的，像它们这样能够保存到今天的故宫书画，包括南京博物院和台北故宫博物院所收藏的部分，只是历史上曾经被保藏传承过的书画文物中极小的一部分。那些因天灾人祸而损毁或流失的古书画，有些我们已经永远没有机会见到，还有一些却依然在历史的长河中沉浮、若隐若现……

隋代画家展子虔的《游春图》的回购被认为是中国博物馆进入拍卖行购买文物的开始。这幅画自从公元 1945 年被溥仪在长春遗失，便再也没有出现过。这次拍卖是它半个世纪以来首次现身，整个中国文物收藏界都为之震动。而故宫博物院的收购手笔则令人刮目相看。

这片富藏书画的古老宫殿，如今以 21 世纪的节奏运转着。

《游春图》是北京故宫博物院现存年代最久远的绘画真迹。我们很难想象，从它问世到今天的 1400 年间，这幅轻薄脆弱的绢本画经历过多少次战火、水患和人祸，但它奇迹般地被保全了下来。今天，它结束了千百年来离乱聚散的历史命运，和所有幸存的古书画一起，证明着一个古老民族文明的传承。

知识链接

崇祯皇帝之死： 崇祯皇帝朱由检是明朝最后一任皇帝。

崇祯十六年初，李自成军攻入北京。太监张殷劝皇帝投降，被一剑刺死。而后朱由检命人分送太子、永王、定王到勋戚家。回宫后写下诏书，命成国公朱纯臣统领诸军和辅助太子朱慈烺。又命周皇后、袁贵妃和三个儿子入宫，简单叮嘱了儿子们几句，命太监将他们分别送往外戚家避藏，又命皇后与袁贵妃自缢，而后他将15岁的女儿——长平公主砍成重伤，又砍死了嫔妃数人。

李自成起义军从彰义门杀入北京城后，朱由检与数十名太监骑马出东华门，被乱箭所阻，再跑到齐化门（朝阳门），成国公朱纯臣闭门不纳，后转向安定门。三月十九日拂晓，大火四起，朱由检只得重返皇宫。他在前殿鸣钟召集百官，却无一人前来，最后在景山歪脖树上自缢身亡，死时光着左脚，右脚穿着一只红鞋。时年33岁。身边仅有提督太监王承恩陪同。朱由检上吊前于蓝色袍服上书："朕自登基十七年，逆贼直逼京师，虽朕薄德匪躬，上干天怒，致逆贼直逼京师，然皆诸臣误朕也。朕死，无面目见祖宗于地下，自去冠冕，以发覆面。任贼分裂朕尸，勿伤百姓一人。"

在紫禁城建成后的五百多年里，这里总会重复发生这样的故事。一个神秘人携带着一个神秘的包裹，要求进宫献宝，他们都宣称自己找到了传说中的秦朝传国玉玺。而后的各个王朝，也无不渴望获得和保有这枚传国玉玺。

乾隆皇帝对和氏璧的传说并不以为然，他更看重的是本朝玉玺。

第八章　故宫藏玉

想看视频？扫一扫

♦ 白玉错金嵌宝石碗（清乾隆）

这一块玉璧，它默默立在这里已不知有多久了，它直面的是养心殿，那是清朝皇帝办公居住的地方，皇帝坐在宝座上处理政务的时候，时时可以看到对面不远处的玉璧。这块玉璧取“面壁”的意思，它时刻提醒着皇帝要反省自己的一言一行。孔子在《礼记》中写道：“君子比德于玉。”玉曾经成为中国人道德标准的象征。

当玉器进入皇宫之后，便在这个宫殿里拥有了无可替代的地位。它在很多重要的场合中，被赋予了特殊的意义。

皇帝将赠给英王的第一种礼物托我转送，这个礼物的名字叫如意，是一种长一英尺半的白色石头，上面刻着花，中国人认为这个礼物非常名贵，而我则以为这东西未必值钱。

写下这段文字的人叫马戛尔尼。在公元 1793 年，也就是大清乾隆五十八年八月十日清晨，这位叫马戛尔尼的英国特使受到中国皇帝乾隆的接见。双方在这次接见中互赠礼品。乾隆皇帝将一柄白玉如意赠送英王，又各赠马戛尔尼及副手绿色玉如意。

在接见仪式后对各宫殿的参观中，马戛尔尼对富丽堂皇的宫殿留下了深刻印象。同时他发现每一座殿的宝座旁也都放置一件玉如意，“形状与赠给英王的相似”。马戛尔尼虽然知道如意寓含和平与兴旺的祝福，但他未必知道这种被他认为并不值钱的美丽石头在中国人眼中却十分珍贵，并有着非凡的价值。

石之美者为玉，中国人自古以来，就赋予这些美丽的石头独特的感情。

玉石精致而灵动，温婉而含蓄，与东方人的气质极为吻合。

一块玉石的形成据说要经历百亿年之久，凝聚着天地万物的精华。

在紫禁城中，最能体现玉的尊贵价值的器物就是代表至高无上皇权的皇帝玉玺。

交泰殿作为紫禁城内廷后三宫之一，清朝皇帝使用的 25 方宝玺便曾收藏于此，其中的 23 枚宝玺都由玉石雕刻而成。

◆ 宫中白玉嵌宝石五福如意

在紫禁城建成后的500多年时间里，这里总会重复发生这样的故事。一个神秘的人，携带着一个神秘的包裹，要求进宫献宝，他们都宣称自己找到了传说中的秦朝传国玉玺。据史书记载，春秋时期那块著名的天然宝玉——和氏璧，后来被雕刻成为秦国的传国玉玺。秦始皇曾希望借助这块宝玉的神力护佑他的王朝千秋万世。而后的各个王朝，也无不渴望获得和保有这枚传国玉玺。传国玉玺的流传贯穿中国历史长达1500多年。相传明朝灭元时，蒙古部落将玉玺带到了漠北，从此之后，真正的传国玉玺失去了踪迹，而各种仿制的赝品层出不穷。现今存放在紫禁城中不知何时何人进献的一件所谓“传国玉玺”，据专家分析它其实是用泥土制成的。

乾隆皇帝对和氏璧的传说并不以为然，他更看重的是本朝玉玺。

乾隆十一年以前，交泰殿储藏宝玺多达39枚，真假混杂，其中就包括那枚假的传国玉玺。乾隆认为即便是真的秦代玉玺也不能与大清国的宝玺放在一起。乾隆十三年，在他为《宝谱》所作“御制交泰殿宝谱序”中提出：自古以来宝玺就没有固定的数目，现在交泰殿储存的宝玺年头长了，记载也失实了，又有重复的，所以要加以考证，按次序排列。宝玺的数目为25枚，这是乾隆皇帝根据《周易大衍》天数二十有五所定。他知道自古以来，没有任何一个王朝能永远不灭亡，将宝玺的数字定为二十五，就是借《周易》所记，祈求上苍，保佑大清的江山能延续二十五代。但实际上，乾隆之后，皇位仅仅往下传了六代。

除了玉玺之外，玉器在紫禁城中无处不在，它们既是生活用品，也是最主要的装饰品。各个宫殿的多宝格陈设的艺术品中，玉器占到 80% 以上，玉的颜色有五种，分别是白色、青色、黄色、碧色和墨色。故宫的玉器涵盖了玉的各个种类，其中新疆和田玉又占据了主要地位。

穿过养心殿宝座后面的通道，我们来到了皇帝休息的后寝殿，这里陈设着很多玉器。在进门的东西两侧摆放着两个碧玉盘。盘的中央刻着一首诗。这首诗大致讲了公元 1755 年至 1760 年乾隆平定准噶尔的这段历史。平定西域后，和田玉内运的道路被打通，这件事对于中国宫廷玉器的制造，有着极大的意义。从此以后，新疆和田玉从开采、运输到制作，在法律上被皇家垄断。

公元 1787 年，大清乾隆五十二年八月十六日，一批造办处的官员在大内太监的陪同下手拿量尺小心翼翼地走进乐寿堂。他们一边丈量尺寸，一边还在小声讨论着，看来是要摆放一件重要的物品。如此兴师动众，他们要摆放的究竟是什么东西呢？

原来，这是一件来自新疆和田密勒塔山的巨型玉石雕刻——大禹治水图玉山，这件5000多公斤重的玉雕，直到今天仍被称为世界之最。位于昆仑山脉的密勒塔山海拔近5000米，终年积雪，空气稀薄，每年只有七、八、九三个月才能进山开采玉料，在当年极端原始的开采条件下，这件玉料从山上移至山下，最少需要两三年的时间。开采已经很不容易，可是把重达5000多公斤的玉料运到万里之外的北京，路上还要跨越千山万水，就更是一件极难完成的任务。这块巨大的玉料又用了三年的时间才来到紫禁城。

这块玉料就是人们所称的和田玉。

巍峨险峻的昆仑山，海拔近5000米的地方终年被皑皑白雪覆盖，美丽的和田玉大部分就静静地被埋藏在这里。采自山上的大块玉料和源自水中的珍贵籽玉，使这里变成了闻名遐迩的宝地。每年七八月的时候，山洪暴发，把大量山石带到了白玉河的下游，其中的玉石经过年复一年的搬运、冲刷，最坚硬的部分幸存下来，留在了河床的两侧，形状与鹅卵石相似，表面十分光滑，这就是我们今天称为玉中极品的籽玉。

玉的开采和运输由宫廷垄断，最美的玉石也由皇家专享。在

♦ 大禹治水图玉山

一张公元1767年即大清乾隆二十八年新疆地区的春季进贡清单上，详细地记录了当年新疆地区玉料进贡的数量、种类和重量。其中仅这一次，就有和田贡玉79块，叶尔羌河贡玉95块，总重量达500多斤。驻疆大臣每年春秋至少两次将玉料运至京城，乾隆时，每年至少会有4000斤左右的玉石从和田送到京城，多时能达到一万多斤。充足的玉料使宫廷开始大规模地生产玉器。

当时紫禁城养心殿的造办处里有一个被称作玉作的机构。每天会有四名到五名玉工在这里为皇帝雕玉。这个部门最早成立于清顺治元年。到了乾隆时期，由于对玉器的需求增加，在紫禁城又建了一个如意馆，里面也有工匠雕玉。许多乾隆时期的玉器精品就出自这两个地方。清朝末年一个叫唐荣祚的人写过一本《玉说》，书中的玉作图把清朝皇家制玉的过程详细地记录了下来。

从开料、出粗坯、出大形，到细作到最后抛光，实际应该说再加上最后的收尾工作一共五个步骤。从有铁器以后，既然是完善了专业化制玉这个行业，那也就是说脚蹬手磨这种制玉方式一直延续了三千多年，丝毫没有再变化。现在这些机器设备虽然快，虽然没有它不可行的东西，但是它由于快，玉的表面的那种感觉就开始有变化了。

专家　李博生

那件来自新疆密勒塔山的巨型玉料到达紫禁城后，并没有结束它的行程，因为它的雕制不在这座宫殿里，而是在千里之外的扬州。当时宫廷里如果有大型玉件或雕玉繁忙时，会把玉料送到苏州、扬州制作，那里是当时全国经济实力最强的地区，又有久远的玉作传统，因此成为最重要的制玉基地。直到现在，这些地方还以雕玉而闻名。

那么乾隆这个年代，它的玉器高潮我觉得还表现在几个玉器的制造中心同时出现，比如苏州、扬州、南京、杭州。这在中国历史上，这样一个王朝，几个（玉器）制造中心、中心区同时出现，都是繁荣的，这是空前绝后的。

专家　杨伯达

乾隆时期的扬州，雕工精巧达到极致，市场上曾经出现大量玲珑剔透的玉器，做工繁复。它们被当作贡品进贡给皇上，结果遭到乾隆皇帝的严厉批评，并下谕旨，禁止再镂雕这类玉器，因

♦ 慈禧太后御宝青玉玺

为容器镂空之后就没什么用处，既不是容器，通体玲珑的玉质的美也就完全消失了。

这道谕旨很切中当时玉器制造的奢华风气。现存的一件青玉六出戟有盖匜，是乾隆年间宫廷造办处的精品。它是依照乾隆的指示制造的一件返璞归真的器物。

当那块巨大的玉料经水路，用了三个月被运到扬州后，乾隆皇帝特为这块玉石写下一段文字，意思是：用这块巨大的珍宝来弘扬古代大禹治水的事迹，这不是仅仅满足感官享受的玩物可以比拟的。

这件仿宋人名画的大禹治水图玉山在扬州经过六年才雕琢完成，于乾隆五十二年运回北京，以后就一直安放在紫禁城的乐寿堂。高 224 厘米（不包括底座），宽 96 厘米，重 5300 多公斤，玉上雕成峻岭叠嶂，瀑布急流，遍山古木苍松，洞穴深秘。在山崖峭壁上，成群结队的劳动者在开山治水。这件故宫的至宝从和田运到北京，再从北京往返扬州，到最后完成时，前后历经十年，耗费数十万人工，花费的银两无法计算。

乾隆年间，是紫禁城宫廷玉器最繁荣昌盛的时期。这时期的玉雕大多体大厚重，造型整齐对称，创造了独有的皇家气派，造就了中国玉器工艺的又一个高峰。所以西方在 18 世纪到 19 世纪，直接称清代玉器为“乾隆玉”。

乾隆皇帝酷爱玉器，现在故宫博物院的三万件玉器，多数为他所藏，乾隆为他的儿子后来的嘉庆皇帝起名叫颙琰，琰是美玉的名字；颙琰的16个兄弟也都以玉器的名字命名，乾隆自己则被后人称为玉痴。乾隆最爱的珍贵玉器，收藏在一种叫百什件的盒子里，百什件共分为九层，每层有若干个抽屉，抽屉中的每件玉器都有它专用的小格子，格子形状与玉器完全吻合。

一个叫丁观鹏的宫廷画师，真实地记载下乾隆皇帝鉴赏古玉的情景。这就是后世所知的《弘历鉴古图》。

上之所好，下必流行，当时藏玉、赏玉在宫廷内外成为时尚，玉器也成为大臣们进贡的热门物品。

公元1754年，乾隆十九年十二月二十九日，和硕怡亲王弘晓的进单中有汉玉拱璧、文带、文玩；公元1791年，乾隆五十六年四月二十九日，和硕肃亲王的进单中有玉盒、玉洗、玉兽等。在中国第一历史档案馆，我们还查到了当年乾隆最宠信的大臣和珅给乾隆皇帝的贡品清单，上面列有玉佛、玉果盘、嵌玉香薰等很多玉器，并有当年和珅的亲笔签名。

一天，乾隆皇帝正在把玩大臣们进贡的玉器，突然一件玉杯引起了他的注意，只见此杯看上去颇有汉代的风貌，但用手

♦ 弘历鉴古图（清）丁观鹏

♦ 兰亭大玉山

抚摸却感觉混浊而不温润，见多识广的乾隆皇帝心里犯了嘀咕，便传唤雕玉世家出身的玉匠姚宗仁，结果，姚宗仁一看就脱口而出："皇上，这是小人的祖上所做，因为这是祖传的手艺，因此看得出。"后来，乾隆皇帝在《御制玉杯记》中专门记述了这件事的经过，同时姚宗仁也被乾隆皇帝降旨，按做成假玉杯的时间扣除薪俸，如一月做得罚他一月钱粮，如两月做得罚他两月钱粮。

玉器的鉴赏要靠经验和常识，但是，一些古玉器由于年代久远，当时的文献记载也不全面，使得一些器物本来的作用几乎无人知晓。因此，对玉器的鉴定，就是收藏大家也难免出错，有玉痴之称的乾隆皇帝也闹了一些笑话。

一种外方内圆中空的筒形玉器，乾隆非常喜爱，他经过研究，认为这是古人抬举重物时使用的一种辅助工具，并把它称为釭头。乾隆皇帝将自己的见解作成诗，命玉匠刻在玉器上，然后，这些筒形玉器有的放在御桌上做成了笔筒，还有的加上铜胆和盖子插花，以便乾隆随时把玩。然而，在他去世 90 年后的光绪十五年，古玉学家吴大澂考证出乾隆所称的釭头其实应该叫作"玉琮"，是古代帝王祭拜大地时所用的礼器。

故宫博物院收藏的玉器按时代可划分为元代以前的古玉、明代玉器以及清代玉器三部分。在元代以前的玉器中，有当代考古发掘的精品及传世古玉中的珍品，其中包括了从新石器时代至元代各个历史时期的典型作品。在书画、陶瓷、青铜器、玉器等各种门类的中国古代文物中，以玉器的收藏历史最为久远。

紫禁城旧藏玉器中最古老的作品是一件玉兽形玦，它产生于新石器时代的红山文化。岁月的浸润使它的表面形成许多色斑，这是古玉独有的特征。这块玉玦表现的是一种神化了的动物，反映了古人的动物崇拜。

玉器在古代多作祭祀用具，人们认为玉石与大自然有着某种神秘的联系。

与金银、瓷器不同，玉器的制作更多依靠的是玉石本身的天然条件，玉器加工的最高境界不是破旧立新，而是因材施用，通过对玉料形状色彩的巧妙利用，达到人力与天工浑然一体的效果。这大概也蕴含了古人对人与自然关系的朴素理解。

清代的翡翠白菜和肉形石是玉器“巧做”的代表，翡翠白菜的玉料中白色部分雕成菜帮，翠绿色部分被雕成菜叶和叶上的昆虫，白色和绿色的过渡十分巧妙自然。而肉形石无论色彩还是纹理都可以乱真，鉴赏者似乎能闻到红烧肉的香味。这两件作品现存于台北故宫博物院。

♦ 翡翠白菜

♦ 肉形石

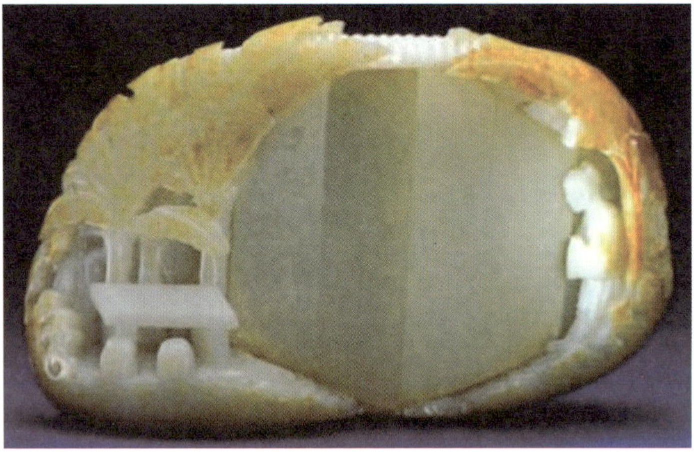

♦ 桐荫仕女图

“桐荫仕女图”原本是一件碗坯的余料，中心被挖走之后，苏州工匠将其雕成。这是一件表现江南庭园景色的作品，其四周有茂密的蕉叶和玲珑的假山，玉料中间的凹陷处顺势雕成两扇半月形扉门，半掩半开的扉门内外各有一名少女，透过门缝相互窥望。乾隆皇帝曾经把这件巧夺天工的作品和春秋时的和氏璧相提并论。

无论是代表皇权的玉玺，还是寄托情趣和风雅的装饰品，这些精美的玉器世代流传。遗憾的是，创造这些艺术品的工匠和艺人，我们大都无法知道他们的名字。但在玉器界，有一个人的名字无人不晓，他就是明代雕玉大师陆子冈。

值得一提的是，他的所有大、小作品都有他的“子冈”落款。这就牵扯到了民间传流着很多他的逸事。皇帝有一次突发奇想，把他召到宫里来，子冈不许你落款，你给我做一个东西，结果陆子冈回去以后想来想去，听说是做了一匹马，果然没款，据说当时皇帝身边的大臣也在反复看这个东西，真没有款，皇帝想，还是听我的旨意了，结果他的宰相有一次再仔细看的时候，发现马耳朵里刻着“子冈制”三个字，又不敢告诉皇帝，那怎么办呢，时间一长，皇帝把玩时结果也发现了，发现以后呢，皇帝倒是高兴了，笑了，并没有惩罚陆子冈。

专家　李博生

由于陆子冈技艺高超，从清初开始，仿制陆子冈的“子冈牌”开始在社会上流行起来。

这个子冈牌子前人没有，就是说陆子冈创出来的一个形制，它是一个长方形，它的长方形是很讲究的，按现在来讲，应该是按黄金分割比例来的，很漂亮，它的边、框子、里边做出的活，起出来的活，还有底子的均匀平整，也是后人很难达到的。

专家　李博生

流传至今的子冈作品很多都真假难辨。目前，故宫博物院所藏的子冈题款的玉器，款识字体也不尽相同。但无论是真品还是仿品，都可称得上艺术精品。

如今，子冈题款的玉器成为许多收藏家追捧的珍品。

除了陆子冈，历史上还有芝亭、朱永泰等宫廷雕玉的名家，他们是千千万万雕玉人的代表。正是他们为中华艺术宝库留下了永世的辉煌。

♦ 长春宫东暖阁

乾隆去世后，清朝的国力迅速衰落，因此对玉器的需求大大减少，玉器的制造开始走入低谷。嘉庆时期的紫禁城内，每年从新疆运来的玉只有2000多斤，还不到乾隆时的五分之一。道光元年，皇上下旨和田、叶尔羌暂时停止进贡玉料。后来直到清朝覆亡，玉料进贡再也没有恢复。

紫禁城的玉器收藏在清末又有了一次短暂的兴盛时期。这是由于当时的统治者慈禧非常喜爱玉器。

内廷西六宫中的长春宫是慈禧当年居住的地方，在这里，到处可见慈禧珍爱的玉器。国家内忧外患，并没有妨碍慈禧对奢华的需求，为了投她所好，王公大臣四处搜罗奇珍异宝，慈禧用过的玉饰，把玩过的玉器，足能装满三千个檀香木箱。在日常生活中慈禧也离不开玉，饮茶用的是玉茶碗，用膳用的是玉筷、玉勺、玉碗。公元1900年，八国联军入侵，慈禧逃离北京避难时，也没忘记带上她珍爱的玉器。慈禧最喜爱的是来自云南、缅甸的翡翠玉。慈禧的爱好影响了当时民间对翡翠的使用，佩戴翡翠的风尚也一直流行到今天。

如今，当年慈禧太后住过的宁寿宫被故宫博物院设置为珍宝馆。那些曾经是帝王们独享的玉器，在这里被来自世界各地的人欣赏和品味。

故宫博物院现藏玉器三万多件，这些珍宝凝结着大自然千年万载点滴孕育的精华，跨越了人世间从古到今纷繁变化的沧桑，它们像是生活在这座宫殿里的精灵，在这些古老的殿堂里散发着历久弥新的光芒。它们在岁月中积累，积累起一种文化精神的厚度；它们在静默中等待，等待着今人和后人在心灵的深处，细细倾听它们无言的诉说。

知 识 链 接

故宫藏玉： 玉器馆是故宫博物院的常设展馆，设在内廷东六宫区钟粹宫，展示历代玉器精品。故宫博物院现藏玉共计 30311 件，藏品中清代作品 20000 多件，明代作品 5000 多件，明以前作品 4000 多件。这些珍品覆盖了自新石器时代起至清代末期约 7000 年的历史，目前都得到了妥善系统地保管和研究。

传国玉玺： 秦始皇在统一中国后下令镌造一枚皇帝玉玺，称之为“天子玺”。据史书记载，此玺用陕西蓝田白玉雕琢而成，方圆四寸，螭虎纽，一说龙鱼凤鸟纽，玉玺正面刻有丞相李斯以大篆书写的“受命于天，既寿永昌”八个字。从此，历代帝王无不把传国玉玺当作权力的重要象征，传国玉玺不仅成为野心家觊觎和割据君王争夺的目标，得到玉玺的人将玉玺解释成自己“受命于天”的表现，而一旦失去玉玺则被视作王朝“气数已尽”。

而后，秦王子婴投降时将玉玺献给了刘邦。当汉朝灭亡时，汉孝元太后将玉玺摔到了地上，碎了一个边角。王莽将边角用黄金补齐后，据为己有。王莽垮台后，玉玺几经辗转到了东汉光武帝刘秀的手中。东汉末年天下大乱，玉玺几经易手后又重新回到了汉献帝的手中，然而汉献帝还没有将它焐热，便被曹丕夺去建立了曹魏，并在传国玉玺的肩部刻下隶字“大魏受汉传国玺”。而后传国玉玺在三国、两晋、南北朝的朝代频繁更迭时期，一再易主，开始了最为剧烈的颠沛流离。

传国玉玺随着国家和朝代的更替，一直掌握在当权者的手中，从隋到唐，再到五代十国，玉玺的命运随着乱世厄运迭起。直到后唐末帝李从珂怀抱着传国玉玺登上玄武楼自焚，玉玺自此下落不明。

直到宋哲宗年间，有人从地下挖出一个玉玺，经朝廷考证认定这是“真秦制传国玺”。宋史内记载了该“玉玺”身上的刻字，但没有提及“大魏受汉传国玺”等刻字。

金兵南侵时，将这玉玺又掠走。明朝灭元时，蒙古部落将玉玺带到了漠北。在明末改朝换代的时候，多尔衮率八旗部队出征蒙古察哈尔部，据说意外地从察哈尔部林丹汗的遗孀苏泰太后那里得到传国玉玺，多尔衮凯旋回师把玉玺交予皇太极。皇太极于得到玉玺的第二年改国号金为大清，建立清王朝。但乾隆皇帝进行仔细考证后，钦定这枚玉玺为赝品。所以，秦始皇所制的传国玉玺，在经过了数个朝代的颠沛流离后，到底下落何处，便成为历史无法解开的谜团。

清朝晚期，电灯、电话这些代表现代文明的科技成果陆续出现在紫禁城里，甚至西方的餐饮及娱乐方式也被引入宫中……

紫禁城，曾一度成为西洋贡品的展示厅和先进科技的牢笼。文明的成果被当成享乐的工具，无论多么巧夺天工，都被捆上华丽的镣铐，无法逾越这一道道深红的宫墙。

第九章　宫廷西洋风

想看视频？扫一扫

♦ 身着儒服的利玛窦

又是一年的春节，紫禁城迎来一年一度的元旦朝贺。

现藏于故宫的《万国来朝图》展现的就是乾隆年间紫禁城朝贺的场景。

太和殿外，文武百官待命静候。乾隆皇帝安闲地坐在后宫屋檐下，准备前往太和殿接见各国使臣。

据专家考证，这是在乾隆皇帝授意下，宫廷画家们歌功颂德的艺术创作。

但可以肯定的是，这幅图中所表现的俄罗斯使臣手捧西洋钟表这一场景是完全真实的。

此时，反映西方先进科学技术的钟表在乾隆朝的紫禁城里，已经成为最时髦的“宠物”。它既是计时器，又是装饰品；既是高档玩物，又是精美的艺术杰作。当时宫廷竭力搜罗、制作和收藏钟表，各种稀世钟表通过众多途径汇集到了皇宫。

当今天的人们赞叹这些钟表的精巧华美的时候，大概不会想到，在400多年前，正是钟表，成为西方人进入紫禁城的第一块敲门砖。

利玛窦是意大利传教士，公元1601年，也就是明朝万历二十九年，他成为第一个进入紫禁城的西方人。

这一年，利玛窦来到明帝国的首都北京。他身穿儒服，头戴儒冠，俨然一副当时中国知识分子的打扮。这是利玛窦接近中国士大夫阶层、传播天主教义的一个策略。

15、16世纪，地理大发现和东西方航路的开辟，激起了欧洲天主教向东方传教的热情。16世纪中叶开始，欧洲的传教士陆续进入中国。那时的中国是一个被儒学思想滋养了两千多年、具有高度成熟文明的国家，从官方到民间，人们的观念、心态、行为方式，很少不被纳入儒学框架，对于天主教，整个社会都抱着排斥的心态。

利玛窦从他的先驱者身上吸取了必要的经验，他颂扬中国文化的博大精深，又用西方的钟表、地图等先进科技产品吸引中国士大夫阶层的注意。事实证明，这一策略对他的事业大有好处，许多人慕名前来与他讨论学术。其中就有一位中国科学史上的著

◆ 铜镀象拉战车乐钟

名人物——徐光启。

利玛窦坚信，要想使中国人皈依天主教，就必须设法使中国的最高统治者——皇帝成为教徒，然后利用皇帝的权威去影响他的子民。要实现向皇帝传教的理想，他必须要见到皇帝，而在当时，进献贡品几乎是洋人接近皇帝的唯一途径。

此行之前，他献给万历皇帝的贡品共有四十多件，其中包括自鸣钟、十字架像、圣母像、八音琴，还有两个玻璃三棱镜。天津税监马堂关于利玛窦进贡的奏章也早早地送到万历皇帝面前。

奏章似乎并没有引起万历皇帝的注意，倒是利玛窦的两架自鸣钟令皇帝立即沉迷其中。

万历皇帝召利玛窦立刻进宫调试钟表，好让他尽快听到报时的声音。利玛窦最终得以进入紫禁城，他与万历皇帝的接触有了一个良好的开端。

《续文献通考》是明代王圻撰写的一部百科全书。根据这本书的记载，大自鸣钟中午一点击打一下，两点击打两下，午夜十二点击打十二下，到中午十二点又打十二下。而小钟每十五分钟击打一下，到整点时击打四下。

在璀璨的钟壳内部，力量被齿轮机关传递和推动，过程隐蔽在背后，结果是声音与时间的神秘吻合。

万历皇帝传旨，把利玛窦留在京城，并允许他可以随时进宫调试钟表。利玛窦用三天的时间教会了太监们自鸣钟的机械原理，把钟调试好。

此时的万历皇帝已经很久不上朝了，所以利玛窦面见皇帝传教的事始终没有着落，唯一的收获是在一次大朝会上，和文武百官一起拜见了皇帝的宝座。万历皇帝念及利玛窦献钟有功，允许利玛窦在北京的南城建立了一座教堂。

历经400年，那两架自鸣钟早已荡然无存了。位于现在北京行政学院（中共北京市委党校）校内的利玛窦墓被完好保存下来。公元1610年5月11日，利玛窦在北京病逝，安葬在那里。因为钟表的缘故，这位西方传教士曾经进出皇宫十年整，却始终无缘一睹皇帝的真容。

公元1640年，在紫禁城的仓库中，人们发现了一架尘封已久的钢琴，那是四十年前利玛窦送给万历皇帝的贡品。四十年后，万历皇帝的孙子崇祯皇帝再一次得到了这架钢琴。此时他正面临内忧外患，也许是为了排解宫中的孤寂，也许是好奇心驱使，崇祯皇帝想听一听来自西方的音乐。

公元1623年进宫的德国传教士汤若望受命修理钢琴，他马上做出银质的琴弦，将琴修整一新。

♦ 大自鸣钟

为了让崇祯皇帝在欣赏音乐的同时了解天主教的教义，汤若望翻译了《圣经》中的十篇赞美诗，并亲自谱曲进献给皇帝。同年十一月，汤若望甚至大胆上书，劝化崇祯皇帝皈依天主教。

公元 1629 年，那位与利玛窦经常一起探讨学术问题的青年人徐光启已成长为明代的大科学家，他信奉天主教并升任礼部侍郎。同年 6 月 21 日发生了日食，钦天监官员用传统方法推算失误，而徐光启用西方天文学方法推算的时间却与实测完全吻合。于是崇祯皇帝下令设立“历局”，由徐光启领导，起用西方传教士修撰新历。开启了西方传教士在中国参与修历的先河。

从此，西方天文历法的书籍开始得到系统地翻译，到明末完成了长达一百三十多卷的《崇祯历书》。只是还没有等到这部历书正式颁布下去，明朝政权便在李自成起义中灭亡了。

在中国历史上，一向认为天象与王朝的兴亡密切相关。这一点在王朝更替时期体现得更为明显。公元 1644 年明朝灭亡，汤若望巧妙地抓住时机，把《崇祯历书》改名为《依西洋新法历书》，奉献给新王朝的摄政王多尔衮。多尔衮接受了这部历法，把它改称为《时宪历》颁行天下，这部历法一直沿用到清朝末年。

汤若望不仅巧妙地说服了新的当权者采用西洋历法，还提出制造新的天文仪器来测算天象。

故宫馆藏的“新法地平式日晷仪”就是汤若望在顺治元年制造的，使用时，凭指南针定南北，通过晷针投在晷面上的日影位置，就可以得到时刻及当日所处的节气。

传教士汤若望因此顺利实现了与新政权的合作。

多尔衮死后，顺治皇帝亲政。他虽然信仰佛教，却与汤若望保持着良好的关系。

公元 1661 年，24 岁的顺治因得天花去世，临死之前他立康熙为皇位继承人，汤若望的建议起了重要的作用。

那段时间，政治权力的争夺非常激烈，由于康熙皇帝年幼，实际掌权的是以鳌拜为首的辅政大臣。围绕权力展开的斗争无处不在，当时担任钦天监监正的汤若望也被卷了进来。

在鳌拜的支持下，钦天监里不满西洋历法的官员诬告汤若望图谋不轨。汤若望被关进了监狱。不过，在康熙皇帝的干预下，汤若望侥幸逃脱了死刑，但由于年老体弱，不久就含冤去世。康熙亲政后，汤若望被平反，安葬在利玛窦墓旁。

时间追溯到公元 1669 年。午门，正午的阳光刺眼而肃杀，这里正准备上演一场生死对决。

比利时传教士南怀仁是这次对决的关键人物。他曾经是汤若望的助手。对决的另一方是鳌拜支持的钦天监。事情的起因是钦天监按传统方法推算历法出现错误，15 岁的康熙意识到，这是打击鳌拜的一次好机会。康熙下令钦天监官员和南怀仁一起到午门广场，用不同的方法测算正午时间日影的长度，结果南怀仁的计算准确无误，传统历法再次测算失误。南怀仁帮助康熙在与鳌拜的较量中取得了重要的胜利，此后他开始全面负责钦天监事务。

北京观象台下的历局遗址，就是当年汤若望、南怀仁等人主持天文历法工作的地方。

南怀仁上任不久，就制造了六架天文观测仪器。这些精密的仪器至今依然矗立在古观象台上，成为今天北京一道独特的风景线。

根据史书记载，公元 1670 年，康熙命令京城会使用乐器的传教士演奏西洋音乐。这支临时拼凑起来的乐队，由于没有经过训练，配合起来很不协调，被康熙撵了回去。可是这已经勾起了康熙对西洋音乐的兴趣。

没过几天，这支乐队又受康熙之命在宫中演出。这次合奏长达四个小时之久，有时康熙听得高兴，便会亲自加入演奏。

一位在宫中任职的意大利神父马国贤在他的回忆录中说，康熙皇帝很想成为一个数学家和音乐家，虽然他在这两方面没有很深的造诣，但的确非常喜欢。

♦ 汤若望

♦ 南怀仁

一位名叫德理格的意大利传教士专门为康熙皇帝谱写了奏鸣曲，他指导编撰了乐理专著《律吕正义》。他的奏鸣曲是传入中国最早的欧洲音乐。康熙皇帝很欣赏德理格的音乐才能，曾多次试听他的演奏，并派了不少学生向他学习，其中包括两位皇子。

对学习的渴望贯穿了康熙皇帝的一生。他对西方科学抱有极大的热忱。康熙对数理化的兴趣，来自幼年经历的那场“历法之争”，多年之后他对臣下谈道：“朕思己不能知，焉能断人之是非，因自愤而学焉。”

他受当时欧洲国家建立科学社团风潮的影响，在皇宫里也设立了类似的机构，叫作“蒙养斋算学馆”，目的是培养高级数理人才。

公元1688年，即康熙二十七年，十一月二十八日，白晋、张诚等六位法国科学家在乾清宫受到康熙皇帝的召见，他们献上了从法国带来的30件科学仪器和书籍作为见面礼。这些非同寻常的礼品，令康熙非常高兴，当即决定让他们入宫，担任自己的科学顾问。自此开始了外国科学家在清朝宫廷从事科学活动长达数十年的局面。

18世纪地平经纬赤道公晷仪从英国进入紫禁城，它不仅可以测量时间，还可以测量太阳距离地平面的高度，因此在航海中应

♦ 青花西洋人物奏乐纹瓷盘

用比较多。测分时赤道公晷仪则不仅可以测时，还可以精确到每一分。

南怀仁从康熙八年起主持钦天监事务，同时他也成为康熙皇帝的数学、天文、力学方面的启蒙老师。白晋等人入宫以后，与康熙相处得很融洽，工作也很顺利。白晋在《中国皇帝康熙传》中有过这样的描述：康熙带着极大的兴趣学习西方科学，每天都要花几个小时同我们在一起，白天和晚上还要用更多的时间自学。

现存康熙年间御制的手摇计算器，比世界同类型机器的出现只晚了几十年。

康熙本人对科技的兴趣，极大地促进了当时科技的发展，他组织人员开展了一系列科技工作。

康熙皇帝对医学也很有研究。40岁那年，康熙得了疟疾，当时的中医大夫束手无策；服用了传教士敬献的金鸡纳霜，也就是奎宁以后，皇帝的病好了。从此他对西洋医学产生兴趣，下旨在宫中设立实验室，试制药品，并亲临观察。为了了解人体解剖学的知识，他甚至命令将一只冬眠的熊进行解剖，康熙本人亲自参加了实验。

现在我们仍能看到的是康熙年间用于地理测量的科学仪器。

♦ 万国来朝图

据白晋在《中国皇帝康熙传》中的记载，康熙有时自己定位调整各种仪器，精确地计算。然后他再让别人测量距离。当看到自己计算的结果和别人测量的数据一样时，便十分高兴。

《皇舆全览图》是由康熙亲自主持、经实地勘测，并利用大地三角测量等先进科学技术测绘完成的，这是中国第一个标有精确经纬度的全国地图。

17 世纪末 18 世纪初，欧洲各国的全国性测量或尚未起步，或刚刚开始，而中国率先成此大业，在世界上也是规模空前的。《皇舆全览图》从康熙四十六年开始，到康熙五十七年汇编成集，在中西方工作人员的共同努力下，康熙用十余年的时间，完成了广阔疆土的绘制，同时也使国家安定统一，开启了中国历史上的又一个盛世。

2005 年的午门，“太阳王”路易十四——凡尔赛珍品特展开幕。这是对 2004 年 1 月在法国凡尔赛宫举办的“康熙大帝展”的回应。当年的他们彼此渴望了解对方，了解世界。如今他们以这种方式相会了。

路易十四在写给康熙的信中称康熙为最高贵、最卓越、最强大、最高尚的帝王，而在自己的名字前冠以“深切的、热爱的、诚挚朋友”等字样。那段时期，中西文化交流是频繁而热烈的，康熙还在自己的造办处里建立起绘画、雕刻以及制作时钟、珐琅彩的作坊。

现存最早的中国油画作品之一《桐荫仕女图》屏风，就是当时的宫廷画家向西方传教士学习油画技法后的成果。

同一时期在欧洲出现了一股“中国文化热”，法国的伏尔泰、德国的莱布尼茨等西方启蒙思想家从中国的传统文化中找到了同中世纪神学思想作斗争的精神武器，莱布尼茨还从《易经》中找到了现代计算机的发明原理。整个 18 世纪，西方各主要艺术的方方面面，都受到中国艺术强烈的、生动形象的影响。

当时欧洲的贵族阶层还流行在庄园里引进中国式的装修风格，他们的墙壁上描绘着中国人的生活场景。

中西方文化交流在乾隆朝达到了又一个高潮。

18 世纪初，在营造圆明园的时候，乾隆皇帝特地命法国传教士蒋友仁在这里开辟了一组西洋建筑。它们成为中西方在园林文化交流方面的载体。

倦勤斋地处紫禁城宁寿宫花园北端幽静的一角，是乾隆皇帝为自己归政后做太上皇专门修建的。斋内有着精美的室内装饰和家具。它的通景画和天顶画将西洋的透视技巧和中国的绘画装潢技术巧妙融合在一起，成为乾隆时期这座宫殿吸收西洋文化的历史见证。

别具异国风情的西洋建筑不仅为乾隆皇帝所欣赏，也成为王公大臣竞相效仿的时尚。

在清人画的几幅祝寿图中，我们不难发现临街搭建的西洋建筑。

传教士们来到中国，他们带着西方的科学技术、艺术觐见中国的皇帝。后来，传教的初衷渐渐被中国人所忽略，反而是西洋人带来的那些文化对中国产生了广泛的影响。

1714 年，一艘抵达广州的贸易船上搭载了 7 名传教士，当地政府奏报康熙皇帝，皇帝命有科技才能的传教士留下进京，其他人返回。留下的人中，就有画家郎世宁。当年广东巡抚报告郎世宁等人到达的奏折完好地被保留下来。奏折上有康熙皇帝的亲笔批示。

不久郎世宁奉旨前往北京，觐见康熙皇帝。康熙对郎世宁的绘画才能，十分欣赏，便命他学习中国画，并不时入宫作画。这一画，就是五十年，期间经历了康、雍、乾三朝。

雍正以后，郎世宁得到了进一步的重用，他不断调整西方油画技巧，主动迎合中国皇帝的审美要求和中国传统的美学观念，利用中国的纸、绢、墨、笔、颜色，尝试中西合璧的新体绘画的创作。乾隆曾在郎氏早期画的他和雍正帝的肖像画中题道："写真世宁擅，绘我少年时。入室皤然者，不知此是谁。"

当然，那些宫廷洋画家的创作并不是无限自由的。郎世宁的画几乎都是由乾隆钦定主题，在定稿之前要先把草稿送乾隆审查，批准后再正式绘制。而这些绘画的主题大都是反映乾隆皇帝在文治武功方面的功绩。

乾隆二十年至二十六年间，两次平定准噶尔部叛乱的战役，对于维护国家稳定起到重要作用。

为了纪念平叛的胜利，乾隆让宫廷中的西洋画家创作了大型历史纪实组画《平定西域战图册》，并决定将它送往欧洲制作成铜版画。从乾隆二十七年起，十六幅画稿分批运抵法国，由法国七位雕版名手分别制作。雕版印制工作共进行了七年之久。到乾隆三十八年，两百张印成的画，连同原图稿及铜版原版，才全部运回中国，历时十一年。当看到画作成品时，乾隆皇帝相当满意。

2004 年 9 月，故宫钟表馆将馆址从保和东庑回迁至修葺一新的奉先殿。奉先殿原为宫内皇帝的家庙，是清朝历代帝王供奉祭祀祖先的地方。这里陈列着近二百件造型精美、做工考究的清代宫廷钟表，制作年代从 18 世纪至 20 世纪初。这些钟表不仅反映

♦ 静物（清）郎世宁

♦ 高宗大阅兵图（清）郎世宁

了这两百年间世界钟表发展的历史，也体现了当时钟表制造业的最高水平。

我国在明朝末年就已经开始制作机械钟。到了清康熙年间，钟表制造业逐渐兴盛。不仅宫里增加了制作和修理钟表的自鸣钟处，广州、福州以及长江中下游的南京、苏州、扬州等地也逐渐兴起了机械钟表制造业。

当时的紫禁城内整日有一批人从事当时科技含量极高的钟表生产，不能不说是一个奇观。

广州是清朝唯一的对外开放口岸，同时也是当时民间机械钟表的制造中心。广州钟表多做成葫芦等具有吉祥意义的器物形状，或者以文字形式表达祝愿，装饰上多用色彩鲜艳的珐琅，具有浓郁的民族和地方特色。

清朝中期，宫内天文数学等科技仪器减少，精美绝伦的机械钟表、玩具大量出现。其直接原因是乾隆皇帝个人爱好的推动。康熙时期，宫廷仅生产单一实用性钟表，而乾隆时期，钟表的观赏性能被大为强化，钟表开始集报时、音乐、活动景观等多功能于一体，甚至外国进献的钟表也要迎合乾隆的口味。这些钟表配有悦耳的音乐，采用齿轮联动的机械构造，装饰着人、禽、兽等形象，能够定时表演，出现了转花、鸟鸣、水流等众多景观。

目前故宫最大的玩具钟表——铜镀金写字人钟，高231厘米。之所以取名写字人钟，是因为钟的底座上安放着一个西洋模样的机器人。上弦后，机器人开始提笔书写“八方向化，九土来王”八个汉字，横、竖、撇、捺都有笔锋，机器人的脑袋也随着左右摆动。据记载，西洋人写毛笔字是根据乾隆皇帝的创意改造而成的。这座写字人钟是乾隆皇帝的心爱之物，在他退居太上皇之后，曾命人把写字人钟搬到自己养老的宁寿宫中，以便随时欣赏把玩。

还有一座“象拉战车钟”反映的是英国军队开赴战场的情景。大象的鼻子、尾巴、眼睛都可以动。几乎让人忘了这是用于计时的钟表。更为奇特的是，战车的轮子居然可以滚滚前行！

18世纪是欧洲科学技术大发展的时期，机械制造业十分活跃，特别是英国，其钟表制造水平已居欧洲首位。乾隆凭借大清朝一百多年积累起来的财富，经广州海关购进大量英国钟表，一时间，英国钟表不仅充斥于宫内各个殿堂，也成了皇亲国戚、王公大臣的新宠。对此，身为宗室的昭梿十分感慨：“近日泰西氏所造自鸣钟钟表，制造奇邪，来自粤东，士大夫争购，家置一座，以为玩具。”显然，由于贸易手段，中西交流的渠道较清初大为拓宽了，欧洲科技进入中国似乎具备了更好的条件，但结果却适得其反。

从康熙开始，皇帝的个人爱好，促进了西洋物品向中国宫廷的流通。但是，这些西方科学和艺术成果的结晶更多的是被当成享用的玩物。

西洋钟表虽然陆续出现在宫殿的各个角落，但是它们的表针并没有使这个王朝与西方前进的节奏对接。如今这些精美依旧却已容颜老去的钟表，静静陈列在昔日的奉先殿里，和这里曾经供奉的那些清代祖先一样，引发着人们无限的叹息与感慨。

清朝晚期，电灯、电话这些代表现代文明的科技成果陆续出现在紫禁城里，甚至西方的餐饮及娱乐方式也被引入宫中，丰富着皇帝的生活。然而，就像之前他们对待钟表的态度一样，这座宫殿里的主人已经习惯了把文明的成果当成享乐的工具，而此时，西洋列强已经凭借这些器物背后所蕴含的惊人力量造出坚船利炮打开了中国的大门。

紫禁城，曾一度成为西洋贡品的展示厅和先进科技的牢笼。它垄断了能工巧匠的创造力，他们创造的器物，无论多么巧夺天工，都被捆上华丽的镣铐，无法逾越这一道道深红的宫墙。

今天，当进入中国最早的西洋乐曲在紫禁城再次奏响的时候，交流与发展已经成为这个时代最流行的旋律。追寻发生在这里的历史，以及历史中的那些人物和故事，几百年成败兴衰的命运之谜，似乎已经有了答案……

知识链接

北京的教堂：北京天主教堂的历史可以追溯到元大都时期，来自欧洲的罗马天主教修道士孟高维诺于1294年在北京修建了第一所天主教堂。此后，天主教得到元朝皇帝的容许，在北京建立了许多教堂。元朝灭亡后，其间所修建的教堂大多改作他用，存留下来的极少。仅有门头沟区后桑峪村一所教堂是元代所建，该教堂也是北京地区现存最古老的教堂。

明万历年间，意大利传教士利玛窦获准在宣武门内兴建天主教堂，这就是民间俗称的南堂，宣武门天主堂也是时隔300年后在北京出现的第一所天主教堂。自从利玛窦之后，天主教在中国的发展非常迅速。50年后的顺治十二年，传教士利类思和安斯文准在王府井修建东堂，康熙三十二年在西安门内蚕池口建成北堂，雍正元年罗马教廷传信部传教士德理格在西直门修建西堂。至此，在经历了一百年时间后，北京的天主教四大教堂全部建成了，至今这四所教堂仍然是北京最大的四所天主教堂。除了四大教堂之外，明末清初期间天主教会还在北京西郊阜成门外的滕公栅栏兴建了教会墓地，这里后来发展成为马尾沟教堂。

20世纪30年代为北京教堂全盛时期，北京内有教堂80余座，此外还有大量由教会设立的中学、大学、医院、图书馆等具有基督教文化特色的建筑。现今，北京的天主教堂仅余 17 座。

圆明园：圆明园坐落在北京西郊，是清代著名的皇家园林之一，建筑面积达 20 万平方米，有“万园之园”之称。清朝皇帝每到盛夏就来这里避暑、听政，处理军政事务，也称“夏宫”。

圆明园始建于康熙四十八年（1709 年），最初是康熙赐给皇子胤禛的。1722 年雍正即位后，拓展原赐园，并在园南增建了正大光明殿和勤政殿以及内阁、六部、军机处、储值房，御以“避喧听政”。乾隆皇帝在位期间除对圆明园进行局部增建、改建之外，还在东邻新建了长春园，在东南邻并入了万春园。圆明三园的格局基本形成。嘉庆朝，对绮春园进行修缮和拓建，使之成为主要园居场所之一。道光朝时，国事日衰，财力不足，但宁撤万寿、香山、玉泉“三山”的陈设，罢热河避暑与木兰狩猎，仍不放弃圆明三园的改建和装饰。

1924年冬，紫禁城内廷忽然进来三十多个士兵、警察，为首的三人是新任京畿卫戍总司令鹿钟麟、京师警察厅总监张壁和国民代表李石增。他们责令逊帝立即出宫……从此，皇室也永远告别了紫禁城。

第十章　皇宫到博物院

想看视频？扫一扫

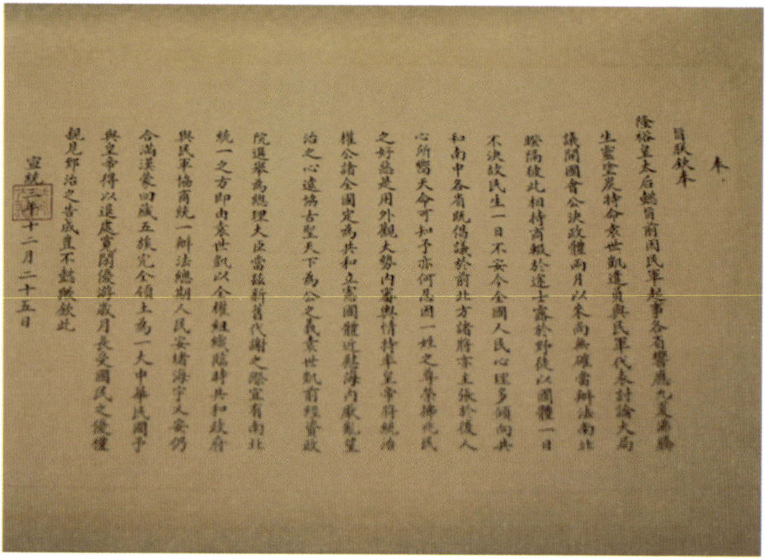

奉
旨朕欽奉
隆裕皇太后懿旨前因民軍起事各省響應九夏沸騰
生靈塗炭特命袁世凱遣員與民軍代表討論大局
議開國會公決政體兩月以來尚無確當辦法南北
睽隔彼此相持商輟於途士露於野徒以國體一日
不決故民生一日不安今全國人民心理多傾向共
和南中各省既倡議於前北方諸將亦主張於後人
心所嚮天命可知予亦何忍因一姓之尊榮拂兆民
之好惡是用外觀大勢內審輿情特率皇帝將統治
權公諸全國定為共和立憲國體近慰海內厭亂望
治之心遠協古聖天下為公之義袁世凱前經資政
院選舉為總理大臣當茲新舊代謝之際宜有南北
統一之方即由袁世凱以全權組織臨時共和政府
與民軍協商統一辦法總期人民安堵海宇乂安仍
合滿漢蒙回藏五族完全領土為一大中華民國予
與皇帝得以退處寬閒優遊歲月長受國民之優禮
親見郅治之告成豈不懿歟欽此
宣統三年十二月二十五日

♦ 溥仪退位诏

1925年10月10日，这一天，有三千多位重要的人物聚集到了紫禁城的乾清门广场；这一天，有超过两万多的普通老百姓来到了这里；这一天，神武门的门洞上悬挂上了一块匾额：故宫博物院；这一天，在这里举行了故宫博物院的开幕大典。从紫禁城到故宫，这个名称的改变，意味着从今天开始，这里再也不是皇宫，而成了一座博物院。数百年来的禁地正式对外开放，千千万万的普通民众从此可以走进昔日神秘的皇家宫殿。

多数人参观故宫是因为皇室宫廷生活的神秘，来看看热闹。也有一些人为了能亲眼看到皇家的书画藏品，专门来看门道的。

第一，是有老师教导说这个东西是真的是

假的，是好的是坏的，那么这样呢，这三天里头那收获——收获大了，但是旁边的人看呢，随便看着玩儿那另说，我们有意来学画儿，那是天上飞下来的宝贝。

著名书法家　启功

这是一段历史的结束，也是一段历史的开始。在这个必然的过程中，无论是有心还是无意，无论是主动还是被动，总有一些人注定要在历史上留下自己的印迹。

关于故宫最早的影像是一个叫克林顿·西蒙斯的美国人在公元 1903 年拍下的，五年之后爱新觉罗·溥仪在这里坐上了龙椅，又过了三年，辛亥革命爆发。1912 年 1 月 6 日，溥仪在养心殿的东暖阁看见隆裕太后坐在炕上擦眼泪，面前跪着一个老臣满脸泪痕。溥仪不知道那个老臣就是袁世凯，就是不远的将来也当了几天皇帝的人，他向隆裕太后直接提出了退位的请求。一个多月后，隆裕太后在养心殿颁布了退位诏书。年仅 6 岁的溥仪糊里糊涂地做了三年皇帝之后，又糊里糊涂地退了位。

作为和平退位的交换，他们和当时的民国政府签订了《清室优待条件》，这个条件主要是允许退位皇室居住在紫禁城后宫，保留皇帝的尊号不变；每年政府给他们四百万元生活费。就这

♦ 隆裕和宣统帝

样，末代皇帝溥仪从一个王朝的统治者成为这个小朝廷的主人。直到今天，我们仍能看到清室退位后隆裕太后向各部下发的诏书原件。

以末代皇帝溥仪为首的逊清皇室，被准许居住在紫禁城内廷。以乾清门为界线，紫禁城被分成了两个部分，乾清门以南归民国政府所有；乾清门以北，也就是原来的后宫部分由退位皇室居住。一座宫殿内，并存着两个朝代，这是几百年来，紫禁城空前绝后的特殊时期。它使得民国时代的北京城里出现了“国中之国”的怪现象。

郭布罗·润麒，末代皇后婉容的亲弟弟。这位老人至今清楚地记得他进宫后和比他大七岁的溥仪玩耍的情景。他回忆道：“在家里我就学会了骑自行车。后来我就带到溥仪那儿，溥仪就买了很多自行车，大家都学，连婉容也学，有相片，婉容也会骑了。”

溥仪当年为了骑自行车将门槛都锯掉了。

溥仪的话呢，这种只能在宫里这样一个小天地生活，对他来说是个很苦恼的事情，他不能出去啊。

故宫博物院研究员　徐启宪

晚清史研究学者贾英华也说："在这个溥仪后半生的时候他曾经讲过一句话，他说我这一生啊就是高墙，在宫内，一生下来是王府，三岁就进宫当皇帝，一眼看到的就是高墙，什么，紫禁城的高墙。"

不能离开紫禁城一步的溥仪向往着自由。高高的宫墙已经隔不断与外界的联系。我们从中国第一历史档案馆找到了当年溥仪在宫中订阅的报纸，这些报纸刊物不知给溥仪带来多少潜移默化的改变。也许是英国教师庄士敦的缘故，溥仪受到了各种西方生活方式的影响，溥仪在他的自传《我的前半生》中写道：

"自从我的英文教师庄士敦入宫以来，我在大家的眼里成了最不好应付的皇帝。我剪下了辫子，因为庄士敦说中国人的辫子像猪尾巴，急得太妃大臣们捶胸顿足；当师傅们一起劝阻说，若安上电话，什么人都可以跟皇上说话了，这可是祖制向来没有的事情的时候，我还是吵闹着在养心殿的东暖阁，安上了电话。"

有了电话，他觉着笼中的小鸟有了跟外界沟通的机会了，那就四处打电话。

晚清史研究学者　贾英华

♦ 溥仪和婉容

有这么一段趣闻，关于溥仪和胡适的通话。

他给胡适打电话的时候呢给胡适吓了一跳，他也不说自己是谁，说，你是胡适吗？胡适说是啊，说这个这个你是谁，我是谁？说，那你猜猜，他说那猜不着，然后呢溥仪哈哈就一笑，我告诉你，我是宣统。

晚清史研究学者　贾英华

公元1916年，袁世凯自立为帝，坐上了太和殿的宝座，并下令把外朝三大殿匾额上的满文抠了下来。清皇室惶恐不安，准备让出皇宫迁居颐和园，身为清朝旧臣的袁世凯为了安抚他们，保证《清室优待条件》永不变更。于是，在短暂的八十三天里，两个皇帝共有一个皇宫，相安无事。仅仅一年之后的公元1917年，张勋复辟，溥仪在乾清宫被拥立当了十二天的皇帝，又匆匆下台。在政权交替中，人们忙不迭地更换着各种旗子，很多百姓的家里干脆同时备好了共和旗、龙旗以应付随时的变动。与此同时，民主和科学的进步思想已经广泛地传播开来。一场更为深刻和巨大的变革正在20世纪初的中国发生着。外界的风吹草动在紫禁城内掀起了不小的波澜，溥仪知道，《清室优待条件》

以及袁世凯的承诺已经不能依靠，清廷享有的优惠待遇早晚有结束的一天。而这一天越来越近了。

为了给自己出宫后的生活留后路，溥仪开始以赏赐的名义让弟弟溥杰把宫里的藏品带出宫去。溥仪如此，宫里人也早已人心惶惶，每个人都在为自己的前程和日后的生计打算。这时，英文教师庄士敦告诉溥仪，在北京地安门内的烟袋斜街新开了许多古玩铺，一打听，这些古玩铺的老板都是宫里的太监，溥仪感到了事情的严重。

紫禁城当时藏宝最多的地方是建福宫。溥仪说他在 16 岁那年，有一天出于好奇，叫太监打开了一座库房。他看见满屋都是堆到天花板的大箱子，随便打开一个，全是手卷书画和非常精巧的玉器。这都是乾隆皇帝最喜爱的珍玩。

溥仪对当时的紫禁城做了这样的描述："紫禁城表面上平静，里面的秩序却是糟糕一团，我究竟有多少财宝呢？这些东西没有数目，这就给偷盗者大开了方便之门。"

所以溥仪他自己也感觉到这个问题了，他当时就下令，就是要清查宫里的藏品。

故宫博物院原副院长　杨新

还没等他检查呢，他放出这个风来，出来这个事儿以后，还没等他点查呢就着火了。

故宫博物院原馆员　傅连仲

据说火警是东交民巷的意大利公使馆消防队发现的，救火车开到紫禁城叫门的时候，守门的还不知怎么回事。结果建福宫一带烧成了焦土。究竟这一把火里毁掉了多少东西，至今还是个谜。

我们今天依然能从溥仪生活原貌展览当中看到他们当年在宫里的生活情形。从 1912 年到 1924 年，逊清皇室在紫禁城里一住就是十三年，至于《清室优待条件》中提到的日后迁居的事，自民国成立以来的历任总统都没能实现。历史最终把这样的机遇给了冯玉祥将军。

1924 年冬天，紫禁城内廷忽然进来三十多个士兵、警察，为首的三人是新任京畿卫戍总司令鹿钟麟、京师警察厅总监张壁和国民代表李石增。他们见到内务府总管大臣绍英等人后，就拿出了《修正清室优待条件》，并责令逊帝立即出宫。这时的溥仪正在储秀宫和婉容吃苹果。突如其来的变故让他们惊慌失措。他们恳求着，希望能宽限一个月、十天哪怕三日再搬也行。几次交涉过后，鹿钟麟以如再拖延景山上就开炮相威胁，溥仪等人只好匆匆离开了储秀宫。从此，皇室也永远告别了紫禁城。

第二天，鹿钟麟、李煜瀛等一行人，来到了存放玉玺的交泰殿，他们首先要查收象征皇权的印玺。

在文物工作者的帮助下，我们用真实的玉玺再现了当时点查的情景。那些曾经至高无上的玉玺高高地分列在宝座两旁，人们按单子一一验证，一共点交了 23 枚玉玺。这些玉玺今天依然完好地保存在故宫博物院。

帝制到此，总算彻底落下帷幕。北京城里到处响起了鞭炮声。当年仅有 8 岁，已身为演员的宋保罗还记得为冯玉祥将军的庆功堂会做表演的情景。他回忆道："就是庆功会，那个，大概有几万部队呢，都在看戏，黑压压的一片，那时候，冯玉祥嘛穿一个灰色布的棉裤棉袄，还有他的爱人，李德全给了我两块大洋，冯玉祥嘛抓了一把花生给我，大家都很开心的。"

皇帝走了，皇宫依旧，可是皇宫里究竟什么样，没有人知道。

1924 年 11 月 20 日，清室善后委员会正式成立，委员长是李煜瀛。李煜瀛是晚清重臣李鸿藻之子，在驱逐溥仪出宫时被推

♦ 屋顶上的逊帝

举为国民代表。委员会同时聘请了蔡元培、陈垣、沈兼士、鹿钟麟、张壁、俞同奎等名流担任委员。委员会的职责是办理清宫公产私产的认定及一切善后事宜。中国历史上历代王朝都有收藏文物的传统，一个王朝灭亡后，新的王朝则取其收藏为本朝所有。所以清室善后会认为清宫中历代宫廷传世之宝，都应复归于民，属于民国政府所有。

吴瀛，在溥仪出宫那年33岁。时为北洋政府内务部警政司第三科科长，同时兼着北京市政府坐办，主要责任是对逊帝溥仪和清宫事务的监管。溥仪出宫后，受清室善后委员会易培基的聘请做了故宫的顾问。吴瀛的大女儿吴珊说，无论是她的父亲还是易培基对故宫的热情都是出于对中国传统典章文物的喜爱。她回忆说："父亲与易培基都喜欢古董，所以他来北京就去逛琉璃厂，他们就一块儿去买这些看这些。"

就在清室善后会准备点查的时候，时局又发生了变动。奉系张作霖率部入京，段祺瑞就任临时执政，冯玉祥辞职。第二天逊清皇室人员立即出来声明"所有清室修正优待条件，不能认为有效"。溥仪本人更是登报声明出宫时的签字是因为受到强迫，善后会原定在11月22日进行的点查预备会被迫停止。

这时，一位叫庄蕴宽的人挺身而出，当年袁世凯称帝时，全国六十位议员有五十九位支持，唯有他一人冒死反对，从而获得极高的社会声望。后来，被民国政府委任为民国审计院长，同时参与了善后会的工作。庄蕴宽在段祺瑞面前力保了清室善后委员会和易培基等人。

段祺瑞在这么个情况下，批准了这个呈文，批准了呈文了就在法律上等于确立了清室善后委员会的存在，这样李石增这些人就合理合法地带着一批北大系的学者，进入了故宫。

吴瀛之孙　吴欢

就在 1924 年 11 月 24 日这一天，善后会在李煜瀛的带领下开始了正式的点查。他们首先从乾清宫开始。为了更直观地展现当时点查的情景，2005 年 4 月，我们在原地进行了再现。按当时的规定，每一个宫殿的物品按千字文次序，编一个字，然后依次编号。乾清宫是第一个开始点查的，编成了“天”字。他们首先看到的是一个木踏凳子，就把它记录下来，列为天字第一号文物，这件事被传为了笑谈。他们中的大部分人是第一次走进宫殿，感到既新鲜又好奇。

这天的点查工作被人用几张照片记录了下来，人群中有一位

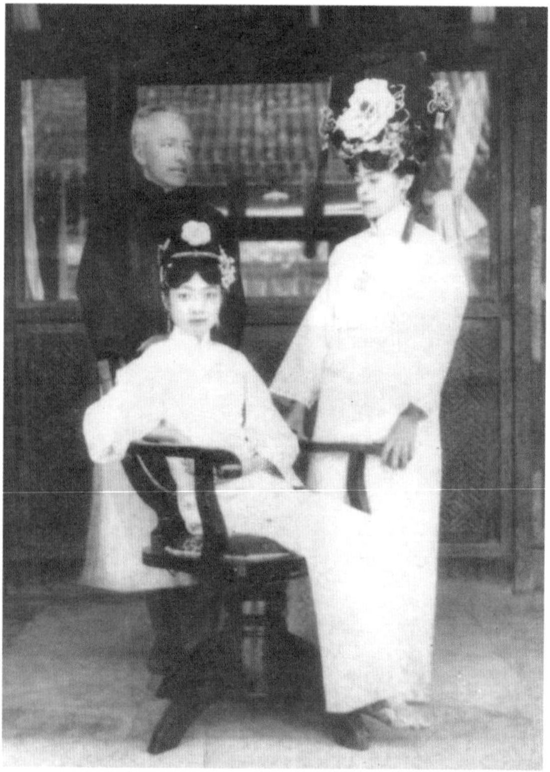

♦ 婉容与庄士敦等人合影

来自北大历史系的学生——年仅 19 岁的单士元。32 年后他成为故宫博物院副院长。

当时对来故宫参加点查的工作人员，有着非常严格的要求。

单士元之女单嘉筠回忆道："它首先要有两个槛儿，就两个标准，一个标准呢就是说铺保，一旦发生了盗窃，发生了不轨行为，你要承担责任，你要替他去还钱，一个呢就人保。"

当时在宫里把点查叫"出组"，工作完毕叫"退组"。出组时大家要一起在一个地方工作，不得单独行动。点查初期正是隆冬季节，宫内又不能生火，为预防发生偷盗的事情，他们用带子扎紧袖口，使两手在寒风中根本无处可藏。有时点查两脚站地，一站就是三四个小时。墨盒里的墨，毛笔的笔尖经常被冻成冰块。清点工作就是在这样恶劣的条件下紧张有序地进行着。

善后委员会在毫无经验可循的前提下制定出一系列严格的制度。每一次点查的名单上都印着组长和成员的姓名。这些具体的工作包括查报物品、登记、贴票、事务记载。每次"出组"完毕后，要贴封条上锁，同时要求工作人员"退组"时留下自己的影像，以备日后的查档。

经初步清点，清代宫廷遗留下的文物有 117 万多件。故宫连同宫中的珍宝究竟该往何处去？这个问题成为社会上下关注的焦点。善后会依照国际惯例上对皇室宫殿处理的办法，应该对公众开放，当时一些有识之士也认为故宫应建立博物院。而最早提出这个动议的就是北大校长蔡元培。

1925 年的 7 月 31 日，善后会在清点养心殿卧室的时候有一个重大发现，那是溥仪和清宫遗老旧臣金梁、康有为密谋复辟的文件，这些文件的查获，使人们进一步认识到，驱逐溥仪出宫是正确的。溥仪出宫仅二十几天就躲进了日本公使馆，第二年到了天津日租界，继续进行他的复辟活动。回到紫禁城几乎成为他生活中最重要的梦想。鉴于当时的紧迫形势，善后会认为，应该迅速成立故宫博物院。

1925 年初秋时节，在故宫博物院的成立日期正式确定下来的前几天，清室善后委员会委员长、故宫博物院理事长李煜瀛先生用大抓笔书写了“故宫博物院”五个气势磅礴的大字。就像文中开篇那样，1925 年 10 月 10 日，故宫博物院成立了。

当时的一位学者评价说：“故宫博物院的成立是中国民主革命的又一次胜利，是中国文化史上的盛事，是中国博物馆事业走上正轨的开端。”如今神武门前车水马龙，人头攒动，出现了从未有过的热闹景象。

在袁世凯死后的十二年间，前前后后有五位总统、一个执政、一个大元帅，轮番上台。不管是谁在台上，他们都把目光对准了故宫。1926 年，当时执政的段祺瑞以煽动共产学说为理由，下令通缉故宫博物院理事长李石增、易培基等五人。他们被通缉的真正原因是在故宫问题上跟段祺瑞政府长期对立。故宫博物院失去了领袖。自此，善后委员会被迫解散。7 个月后，北洋政府的国务会议改组故宫博物院，成立“保管委员会”，在重新选举中，前清遗老赵尔巽、孙宝琦分别为正、副委员，在他们的鼓动下，迎溥仪回宫的声浪一天比一天高。当时留任的庄蕴宽、陈垣等人表示强烈反对。由于他们的坚持，赵尔巽、孙宝琦没能顺利上任，怒而辞职。故宫博物院又一次脱离了险境。

然而，紧接着为保护故宫而据理力争的陈垣先生却被捕入狱。陈垣先生是著名的教育学家，时任辅仁大学校长。今天，他的学生启功先生这样评价他：“他就觉得我们是中国人，这些东西都是中国的宝贝。”

1926 年，坚持为故宫工作的吴瀛先生留下了这样的回忆：故宫正是一个刚满周岁的孩子，出生就不健全，你争我夺，多灾多难。我们一班看护的庸仆，竭尽全力，忠心耿耿坚持不肯离去。他们为了不受北洋政府的摆布，坚持不要政府的拨款，一切院务开支仅靠门票收入艰难维持着。

在不到一年的时间里，故宫博物院的主要领导人李石增、易培基、陈垣遭通缉、逮捕。为了保卫新生的故宫博物院，1926年12月9日，“故宫博物院维持会”成立，吸纳了学者、官吏等各方人士共同参与。

这一拨知识分子，这一拨文化名流，以他们的身份，因为这文化有一种无形的力量，一个文化的大师呢，他可以足足镇住一个领兵百万的军阀。

清华大学历史系教授　蔡乐苏

然而一年之后，又一位军阀张作霖却下令查办故宫，名义上是彻查文物，实际上是寻找借口推翻维持会，把管辖大权抓到自己手里。由于他的儿子张学良将军一直是故宫博物院的竭诚维护者，故宫院务没有受到影响。时间走到了1928年，中国又处在一个风云突变的时期，自清帝退位后，此时的中国即将迎来第一个名义上统一的国民政府。这一年6月，曾经被通缉远走他乡的易培基被南京国民政府任命为故宫博物院第一任院长。但他因身体原因一时无法北上，所以委派北京大学教授马衡等人代为管理故宫，马衡到任后故宫博物院成立了第一届理事会。至此，故宫

♦ 清室善后委员会 在养心殿前的合影

博物院迎来了它的第一个稳定发展时期。

正当故宫博物院的前途初现光明的时候，一个叫经亨颐的议员却提出了一个惊人的提案，他把故宫视为清室私人逆产，主张废除故宫。他的这一提案居然在民国议会上获得了通过。这不禁让人想起数年前曹锟执政时期，有人曾建议拆除外朝的三大殿建造西式的国民议会大厦的事情，此事也曾闹得沸沸扬扬，结果是远在洛阳的秀才军阀吴佩孚电告全国："若毁此三殿，中国将永丧此巨工古物，重为万国所笑。"才为此事画上了句号。现在又出现废除故宫的提案，文化界人士无不愤慨。他们委派张继先生针对经亨颐的提案，在民国中央政治会议上一一进行驳斥。故宫博物院终得保存。

让我们再次记起一些名字：李煜瀛、易培基、陈垣、马衡、庄蕴宽、鹿钟麟、吴敬恒、沈兼士、吴瀛、蔡元培、俞同奎等。故宫作为中国文化的枢纽，始终跟历史的激荡与变迁紧密相连。这座宫殿和它收藏的那些珍宝随着命运的起起落落，始终让疼爱它、视它为文化传承的故宫人揪心不已。在那样动荡的岁月里，他们一直坚持着把故宫博物院完好地留给了后人。

知识链接

故宫的新生：1925年10月10日，故宫博物院宣告成立。这一天正是推翻清王朝的辛亥革命的纪念日，又是中华民国的国庆节，故宫博物院成立的开院时间设于此，其意深远。

当天神武门外搭起来花牌楼，门洞上镶嵌着李煜瀛先生手书颜体大字“故宫博物院”青石匾额，顺贞门内则竖起了大幅《全宫略图》。典礼请柬发出了3500份，邀请北京各界名流人士，北京周边的督办名人未能来者，亦派有代表参加。市民看到报上的消息，主动来参观的更多。下午两时，隆重的开院典礼在乾清门前举行。典礼由庄蕴宽先生主持。李煜瀛以善后会会长的名义，报告故宫博物院筹备的经过。

典礼后来宾与市民即按照五路参观游览。宫内各重要宫殿，与礼制有关的一律保持了原来状态。各配殿及原来空闲的宫殿，则设古物、图书、文献等多处专门陈列室，这些都供人们自由地参观。

几百年来帝王居住的宫苑禁地，第一次向大众公开。从此明清皇宫内廷禁地的原状，集中国古代建筑艺术精华的宫殿建筑群，曾经仅为一人所独享的大量的艺术瑰宝及文物，就将以完全不同的面貌一一展现在广大民众面前。封建王朝独据紫禁城，老百姓不得靠近的时代，将一去不返。而民众对此的反应，从当时的一篇报道即可窥见一斑。“惟因宫殿穿门别户，曲折重重，人多道窄，汹涌而来，拥挤至不能转侧。殿上几无隙地，万头攒动，游客不由自主矣！且各现满意之色，盖三千年帝国宫禁一旦解放，安得不惊喜过望，转生无穷之感耶！”

早期参观故宫暂行规定：在溥仪出宫后的1924年11月，国立北京女子师范大学师生就提出希望参观故宫；在即将开始点查的12月，北京各媒体记者也向善后会提出进入故宫跟拍点查全过程的申请，出于慎重而被善后委员会婉言回绝了。但是善后会十分理解民众渴望参观故宫的心情，于是在最短时间内制定了参观故宫暂行规则，上报政府，部分开放宫禁，参观与点查并行不悖。

附：清室善后委员会参观故宫暂行规则

1. 本会点查故宫尚未完竣，而各界要求参观者人数众多，自十四年（1925年）四月十二日起，特酌收券费并修订参观规则，欲知故宫状况者皆得入览。

2. 参观地点记：坤宁宫、交泰殿、乾清宫、弘德殿、昭仁殿、南书房、上书房。

3. 参观时间：每周六日下午一时至六时，但三时即停止售票。

4. 券价每张大洋壹圆。

5. 军人童仆一律购票。

6. 满二十人以上之团体先行函知本会得有允许者票价折半。

（此时点查时间为每周二至周六，周一休息。）

故宫文物南迁的消息一出，一时间舆论哗然，毕竟这是几百年来如此大批量的国宝第一次有计划地主动地离开紫禁城。

1933年2月6日清晨，满载文物的火车，驶出了前门火车站。人类历史上规模最大、历时最长的文物大迁移就这样开始了……

第十一章　文物大流迁

想看视频？扫一扫

♦ 天安门千步廊

公元1924年11月5日，一个极其普通的日子，而这一天对已经退位的末代皇帝溥仪来说却极不普通，他完全没有料到这是自己在紫禁城里度过的最后一天。退位13年来，溥仪从未离开过这里，他依然拥有内廷的一切，包括这里收藏的所有文物，那是2000年来封建帝王们历代搜集而来的最终积累，几乎囊括了中国未曾中断的文明。

我们现在说的清宫的藏品或者说明清皇宫的藏品，它不是说是明代或者清代两朝收集的。也包括从宋代以来宫廷里边这些藏品……

文化部原副部长、故宫博物院原院长　郑欣淼

纵观中国的历史，王朝的更迭常常会伴随

着大量文物的散佚和毁坏，如梁元帝萧绎在皇城被攻破前就曾烧毁了所有收藏。而每一个王朝的承平时期，来自各地的文物精华又会集中到宫廷。这是文物的宿命。

清朝作为中国最后一个封建王朝，在历经康乾盛世之后，皇家的收藏达到了前所未有的规模，这些文物存放于紫禁城以及皇帝的各个行宫当中。从某种意义上说，皇宫成了天下艺术财富的大仓库。当年清宫的收藏到底有多少，具体存放在什么地方，现在已经无人能说得清楚。目前能看到的清廷编纂的几本收藏书录大多只限于对书画方面的记载，而且远远不是全部。

1924 年 11 月 5 日，溥仪被驱逐出紫禁城，一个月后，清室善后委员会对内廷文物进行了清点。据清点报告记载，故宫的文物中瓷器最多，大都存于宁寿宫、皇极殿和斋宫；其次是书画，以钟粹宫最多；金器、铜器、玉器在各殿都有不同数量的收藏。但这只是溥仪离宫后的情形，可以肯定的是，这时的文物已经大量流失。

事实上，清宫藏品的第一次大流失，是在此之前六十多年的 1860 年。

圆明园是清代帝王用 150 年时间陆续修建的一座大型皇家宫苑，也是皇家文物的重要收藏地。宫廷画师沈源、董岱画下的

◆ 圆明园四十景图・曲院风荷（局部）

♦ 圆明园四十景图·坐石临流（局部）

《圆明园四十景图》，现存于法国巴黎国家图书馆。今天的人们只能从这里想象当时圆明园的风貌。据不完全记载，圆明园中仅唐宋名人字画就有两百多幅，园内的文渊阁是当时中国最大的藏书楼，其中收藏的一部《四库全书》就有3万多册，而《四库全书》在全国只有七部。在舍卫城中还有康熙以来收集的十万尊珍贵的佛像，而这些几百年来的珍藏在几天之内就消失了。

1860 年 10 月 6 日英法联军攻陷北京以后进入圆明园，第二天，疯狂的抢劫开始了。

当时的英国《泰晤士报》记者在发往本国的通讯中说，在进入皇帝的宫殿后，谁也不知该拿什么东西。为了金子而把银子丢了，为了镶有珠宝的时钟和宝石又把金子丢了，无价的瓷器和珐琅瓶，因太大不能运走竟被打碎。而价值连城的书画，在士兵眼里不过是废纸罢了，甚至被用来点烟。

连续三天的抢劫之后，英法联军焚烧了圆明园。

法国大文豪雨果怒斥这种暴行说：两个强盗，在抢劫和纵烧了圆明园之后，他们平分了赃物，手牵着手，哈哈大笑着回到了欧洲。

法国枫丹白露宫——法国国王的行宫。当时的拿破仑三世专门修建了一座中国馆，它的藏品全部来自中国皇帝的行宫，是英法联军统帅蒙邦利的战利品。这里收藏的圆明园文物从未正式对外公开。

法国人当时抢走之后呢，有很多珍贵的文物到了枫丹白露宫，为了装修出现了破坏性的一些使用。像一些珐琅一些香炉他把香炉盖掀起来当吊顶使；抢出一个唐卡，他挂在墙上当壁纸使；珐琅五供是来自于圆明园，他在上面插了些西方的蜡烛；他把屏风改造成一个展示柜，改造成一个多宝格的形式，实际上他就破坏了一个大的屏风，类似于就像一个古董商卖古董似的那种形式。所有东西堆在一起，实际上他没有更多地去把文物进行分类，因为文物数量太大了。

圆明园管理处研究员　刘阳

英国伦敦大英博物馆，是全世界收藏中国文物最多的博物馆之一。据说这里的宋元明瓷器的收藏量仅次于北京的故宫。在它的东方馆赫然展出着一幅《女史箴图》。这是中国最早的卷轴画，虽然是隋唐时期的摹本，但它是东晋大画家顾恺之少有的传世作品。公元 1903 年英军上尉约翰把它卖给了大英博物馆。这幅画来自对中国的另一次抢劫。

公元1900年农历八月初四，八国联军占领北京，紫禁城自建成以来第一次遭到外来入侵。当时，各国军队在紫禁城轮流驻扎，先后长达一年多时间，故宫文物遭到洗劫。

清宫的档案也有记载，但是记载得不全。你比如说档案记载某一天，军队拿走了有300多件，他有个大的（数目），列得不详细，就是说玉器啊，什么什么有多少。这样的记载比较多。一个准确的统计也没有的。

文化部原副部长、故宫博物院原院长　郑欣淼

中南海，一座比故宫的历史还要早的皇家离宫，在公元1900年，成为八国联军的总部。

唐代大画家韩滉的真迹《五牛图》就是当年从中南海的瀛台被抢走的。它被抢走后，多年不知所踪。公元1951年，国家以五万元港币从香港的一次拍卖会上买回。目前，唐人真迹存世已经寥寥无几。

在这次八国联军的入侵中，圆明园彻底地毁于战火，其他的几处皇家重地甚至王公府邸都遭到洗劫。藏于翰林院的《永乐大典》被烧毁。这是世界上最早最大的百科全书，全书一万一千

册，只剩下三百多册，其中一百七十册留在中国，其余的分别流散到世界各地的图书馆和私人手中。

故宫以及宫中文物的命运始终随着国运与时局的变化而动荡起伏。溥仪住在紫禁城的最后几年，小朝廷处在一片末日的混乱当中，一批太监开始伺机盗宝。当时地安门一带新开了不少古玩店，而且生意都很兴隆，而这些店铺的后台老板大多是宫中的太监。

新中国成立后，在清理故宫时，曾经在多处发现了被太监们藏匿起来却没来得及带出宫去的珍贵字画。其中在重华宫的戏台底下就发现了金代大画家赵霖的《昭陵六骏图卷》。它是根据陕西唐太宗昭陵墓的石刻所绘，这是赵霖唯一传世的作品。

宫中文物的失窃惹怒了溥仪，他命内务府彻底查办。但这却招来了更大的祸患。

公元1923年6月26日，为了灭掉偷盗的罪证，太监放火烧毁了建福宫，当年乾隆皇帝留给嘉庆皇帝的大部分收藏都装箱封存在这里。究竟这把火烧掉了多少东西，至今还是一个谜。据说，建福宫内曾存放了上千尊金佛，在处理这些灰烬时，光一家金店就捡出了一万七千两金块和金片。

建福宫大火后，在国人的一片谴责声中，溥仪搬出紫禁城是

♦ 乾清宫的侵略者

♦ 八国联军进犯北京

早晚的事。为今后的生活打算，他开始以赏赐溥杰的名义向宫外转移文物。事实上，在居住后廷的十几年中，溥仪曾随心所欲地把许多宫中的东西赏给他的近臣。《韩熙载夜宴图》是南唐大画家顾闳中的杰作，当年溥仪随手把它赏给了他的师傅梁鼎芬。虽然后来被清宫收回，但又被溥仪带出宫外流散于民间，新中国成立后，国家文物局从香港购回转交故宫博物院收藏。

宋人临摹顾恺之的《洛神赋图》当时宫中有两件，溥仪把其中的一件赏给了他的师傅朱益藩，后来这件作品流到美国收藏于华盛顿弗利尔美术馆。

如果说以往的赏赐是为了摆谱，那么后来对溥杰的所谓赏赐就完全是有预谋的偷盗。作为逊位皇帝，溥仪并不敢直接把东西拿出宫去，而是制造机会，让他的弟弟溥杰进宫陪读，由太监用黄绫将书画、善本包好，交给溥杰，放学后再带出宫外。溥仪在《我的前半生》一书中回忆说，这样的盗运活动几乎一天不断地干了半年多的时间，运出的字画古籍都是出类拔萃的精品。

从后来清室善后委员会发现的“赏溥杰单”可以看出，这种盗宝活动开始于公元1922年，即宣统十四年的七月十三日。先是一些宋元善本，后来就是历代名画，总数是册页68件，字画1285件。其中仅十一月初八一天就赏出26件之多。

公元 1925 年 2 月 23 日，在被赶出紫禁城三个多月后，溥仪离开北京，来到了天津日租界内的“张园”，随后还成立了所谓的“清室驻津办事处”，依然过着小朝廷的奢华生活。为了支撑门面，他开始变卖他当初偷运出来的书画。

在天津，溥仪究竟卖出了多少书画已无可查证，但仅仅赏给经手人的就有《历代帝王像》《步辇图》和《阆苑女仙图卷》等名作。

《阆苑女仙图卷》是五代画家阮郜仅存的一件作品，而五代人物画传世的总共也超不过十件。《步辇图》是唐朝阎立本的真迹，反映了唐王朝与吐蕃和亲的重要史实。这两件作品在新中国成立后被故宫博物院收回。而与《女史箴图》同等珍贵的《历代帝王像》从天津流出后被卖给日本人，第二次世界大战后为美国波士顿博物馆收藏。

公元 1931 年 9 月 18 日，“九一八事变”爆发。这一年的 11 月 10 日，溥仪悄悄地离开天津去了日军控制下的长春。公元 1932 年 3 月 9 日，在长春的伪皇宫里，在签署了卖国条约“日满议定书”后，溥仪变成了伪满洲国的“皇帝”。

在当上傀儡皇帝后不久，他偷运出宫的文物也从天津秘密运到长春，存放在了一座叫“小白楼”的仓库之内。

♦ 五牛图（唐）韩滉

几乎与此同时，新成立的故宫博物院为了在时局恶化时保证文物的安全，正在进行文物南迁的准备，这样的准备从“九一八事变”后开始，悄悄持续了一年多的时间。就在故宫文物准备装运南迁的前几天，当时的院长秘书吴瀛被指定为第一批文物的押运官。故宫文物南迁的消息一出，一时间舆论哗然，毕竟这是几百年来如此大批量的国宝第一次有计划地主动地离开紫禁城，不少人为此担忧，甚至有人要以武力阻止南迁。

因为这个文物呢，大家对它都是一种敬畏的心理，从今天来看，无论是反对文物南迁，和这个提出文物南迁的，从心理上都是好意的。但在当时来讲，冲突得很厉害。因为这个，反对文物南迁的人认为，动了文物，就不知道运到哪儿去了。谁也不能保证，又是战乱时期。这些东西怎么办，对不对，又是国宝，价值连城。

院长易培基向当时的南京政府通报了北京的情况，南京政府告慰民众：国亡尚有复国之日，文化一亡，则永无补救。故宫文物应立即运往上海。

吴瀛之孙　吴欢

1933年2月5日夜，一大批板车进入了故宫，在神武门广场，文物集中装车，随后出午门运往前门火车站。故宫职员那志良后来回忆那夜的情景说：“当时非常寂静，除了车辆声之外没有任何声音。没人说话，也没人唱歌，有非常凄凉的感觉。”没人知道这些国宝何时才能够再运回来。

第二天清晨，满载文物的火车，驶出了前门火车站。人类历史上规模最大、历时最长的文物大迁移就这样开始了。

火车沿平汉线到郑州，后自陇海线到徐州，再由津浦线到达南京的浦口。

等到了浦口，文物的存放地点突然又有了变故。那志良戏称：这是抬着棺材找坟地。

然后到底是运上海呢？还是运陕西呢？当时又发生矛盾了。张继主张运到陕西，因为他陕西那边关系好，也是国民党常委，宋子文呢，主张运到上海，但是陕西没有具体的地方，上海宋子文也没安排好具体的地方，这些国宝不知道运到哪儿。

吴瀛之孙　吴欢

当时总押运官吴瀛去南京政府奔走请示，他甚至找到了当时的南京政府主席林森，然而也没有结果。

♦ 溥杰夫妇

♦ 溥仪在天津张园

宋子文又出差了，林森就说，你们怎么这么快就又押回来了，结果吴瀛说的，是国民政府让我们押过来才押过来的。押过来运到哪儿，你们应该安排个地方的。

吴瀛之孙　吴欢

半个月后，宋子文从上海出差回来，召开了临时会议，在经过一番争论后，直到 3 月中旬，政府才决定文献档案留在南京，其余的运往上海。

此后三个多月的时间里，又有四批文物运到上海，存放在法国租界天主教堂的仓库里，这些文物来自故宫和古物陈列所等处，共计 19000 多箱，其中故宫文物有 13000 多箱。靠着西方租界的庇护，东方的国宝在这里安然地度过了四年时间。

公元 1936 年 9 月 26 日，故宫博物院在南京的库房落成。随后，故宫博物院南京分院成立，此时马衡接替易培基，任故宫博物院的院长一职，并负责此后的文物南迁工作。当年存放在上海的文物又陆续地运到了南京。谁料想国宝在这里只停留了半年就不得不再次迁移。

公元 1937 年 7 月 7 日，“卢沟桥事变”爆发，日军开始全面侵略中国。

8 月 13 日，日军轰炸上海，南京岌岌可危。

这时南京政府命令故宫博物院立即将存放在南京的文物向大后方转移。

南路文物 80 多箱由水路转陆路运往长沙；中路文物 9000 多箱经水路运往当时的陪都重庆；北路文物 7000 多箱沿来时的路线经郑州运往宝鸡。

南路文物最先起运，等到中路和北路文物起运时，日军已经占领了上海，开始轰炸南京。当中路文物还剩下最后一批时，码头已经没有了中国船只。情急之下，押运官牛德明与一艘英国船紧急交涉，直到最后关头，对方才答应将这批文物运往汉口。

中路文物于一年后到达重庆，在重庆大轰炸时，被紧急疏散到乐山的安谷乡，幸免于难。

北路文物迎着日军进攻的方向前进，它似乎比中路来得更为惊险。运送文物的火车刚到郑州就遭遇了敌机的轰炸。

在所有文物起运仅仅 10 天之后，日军就占领了南京，制造了惨绝人寰的南京大屠杀。

南路文物到达长沙后，暂时存放在湖南大学的图书馆里。当时准备在岳麓山爱晚亭附近的山上开洞储藏文物，但是还没有开

♦ 1933年的北京前门大街

工，日军就开始轰炸长沙，刚刚停留不足一年的这批文物只好再次转运。一个星期后，原来存放国宝的湖南大学图书馆被夷为平地，而爱晚亭也被炸毁，南路文物逃过一劫后，一路流离，终于在贵州的安顺落下脚来，存放在一个叫华严洞的溶洞里，在这里一放就是六年。后来才又被运到了当时四川的巴县。

北路文物的命运更为坎坷，到达宝鸡不足三个月，宝鸡也遭敌机轰炸，文物开始继续西迁。

北路文物逃脱了敌机的轰炸，开始翻越秦岭。那志良回忆当时的情景说："车开出时，已经落雪，不久，路被雪盖满了，车子在轮胎上挂着铁链行驶，大家都是不寒而栗。"

就这样，经过无数次的往返，在一年多的时间里，北路文物经汉中、成都最后运到了四川的峨眉。

在峨眉，故宫博物院成立了驻峨眉办事处。

至此，当年从故宫运出的13000多箱文物，除很少一部分留在南京外，其余都安全转移到了大后方。

故宫博物院的工作人员在五年多时间里带着这批国宝辗转了大半个中国，期间，没有一件文物丢失或损坏。这是世界文物史上的一个奇迹。

就在文物艰难西迁的时候，日本人进入了故宫。有资料说日本人掠去了不能断定年代的铜缸66座、铜炮4尊、铜灯亭91座运往天津去冶炼，以制造杀人的武器。抗战胜利后大部分被追回。

溥仪在抗战的几年中，一直住在长春的伪皇宫里。公元1945年8月8日，苏联红军出兵中国东北，日本人的傀儡溥仪感到大势已去，仓皇中他从小白楼只带走了120多件书画和一些珠宝准备逃亡日本。三天后，溥仪在沈阳机场被苏联红军俘获，这批文物后来被交给了东北博物馆也就是现在辽宁博物馆的前身。目前，辽宁博物馆收藏的溥仪带走的文物数量仅次于故宫。其中唐人周昉的《簪花仕女图》和欧阳询的《梦奠帖》都是稀世珍品，成为辽宁博物馆的镇馆之宝。

溥仪离开伪皇宫后不久，他留在小白楼没来得及带走的大量文物被看守的卫兵哄抢，无数的字画在抢劫中被损坏，其余的随着四散的士兵流入民间。

北宋画家李公麟，其传世作品仅有三件，分别是《五马图》《临韦偃牧放图》和《三马图》。其中之一的《三马图》在这次哄抢中被撕成碎片。

北京琉璃厂在乾隆年间已发展成为著名的文化街市。抗战胜利后，琉璃厂出现了一段异常繁荣的时期，原因就是当年在小白

♦ 1938年，汉中至成都，竹排载卡车运送文物

♦ 1938年，西北运输所用卡车

♦ 1939年，四川峨眉办事处仓库照片

♦ 1947年，驻安顺办事处运箱车

楼被哄抢的大批书画开始在这里出现，古玩商们把它们称为“东北货”。

南宋大画家李唐的《晋文公复国图》，就是在琉璃厂被一位收藏家买走后捐给了美国的纽约大都会博物馆。据考证，美国至少有 6 家博物馆藏有“东北货”，其中尤以纽约大都会博物馆最多，计有 430 多件。

就在被溥仪带走的文物颠沛流离的时候，当年西迁大后方的三路故宫文物陆续运回南京。新中国成立前夕，蒋介石下令将存放在南京的故宫南迁文物运往台湾，从 1948 年 12 月 22 日，到 1949 年 2 月，共有 2972 箱文物被运到台湾，虽然这只是故宫南迁文物的四分之一，但却都是筛选过的精品。

当年从故宫运出的文物从此分藏海峡两岸，而当年护送过这些国宝的人，有的离开故宫后就再也没有回来过。

新中国成立初期的故宫，百废待兴。在政府的支持下，还留在南京的故宫文物陆续地被运回到故宫。

1952 年政府出台政策，以琉璃厂为中心，开始在全国范围内征集当年从故宫流失出去的文物。并从全国各博物院（馆）向故宫博物院调拨文物，以充实故宫的收藏。很快一大批当年流散出去的文物，如《清明上河图》等再次回到了故宫，而这些文物很多来自个人的无偿捐赠。

在现在的景仁宫里，每一面墙上都记录着历年来为故宫捐献文物的人士的姓名。

大收藏家张伯驹的名字赫然其中，他收藏的东晋陆机的《平复帖》是公认最早的卷轴书法作品，被称为“墨皇”。当年为了不让它落入日本人手里，张伯驹就把它缝在贴身的衣服里整天穿着。新中国成立后，他将这件作品连同其余的七件珍品陆续捐献给了故宫博物院。

新中国成立初期的1951年，共和国的经济还十分的落后。但是经周恩来总理批示，国家用48万元外汇从香港购回《伯远帖》《中秋帖》，也就是存放在故宫三希堂中的“两希”。此后，故宫对流失海外文物的征集就一直不曾间断。

1995年，故宫博物院以1800万元购回北宋张先的《十咏图》，2003年，又用2200万元购回了隋人书《出师颂》，这是中国现存最早的书画作品。

过去我们这些东西都流失到海外去了，现在是海外的中国的东西倒回来了。这是一个相当重要的（现象），我们应该为这个状况感到高兴。这是我们国家实力强大的一个表示，一个反映。

据不完全统计，50 多年来，故宫新入藏的文物有 24 万件之多。故宫以其 150 万件的藏品，成为中华精神财富和人类艺术结晶的宝库。

文化部原副部长、故宫博物院原院长　郑欣淼

一座宫殿以及宫殿中的奇珍异宝承载着几千年的文明传承和几百年的风云变幻。如今，故宫文物的身影遍布世界各地，每一件文物背后都有一个或辛酸，或离奇，或曲折的故事。它们命运的轨迹也反映着一个国家几个朝代国运兴衰的历史足迹。

知 识 链 接

中南海： 中南海和北海的建筑群定型始于明代。明成祖定都北京后，从 1406 年起营建新的皇宫，为丰富皇城园林景观，开挖了南海，挖出的土方和开凿筒子河的土方堆成万岁山（即景山）。

清朝定都北京后，在北海、中海、南海三海周围设置“内红墙”，御苑范围退缩至内红墙之内。顺治、康熙、乾隆诸帝均在中南海内兴建殿宇馆轩，作为避暑听政之所。戊戌变法失败后，慈禧太后曾将光绪帝囚禁于南海中的瀛台。

1912 年中华民国成立后，中南海被袁世凯占用，成为北洋政府总

统府，袁世凯称帝时期，中南海曾改名“新华宫”，同时宝月楼拆外墙，更名为新华门。从此，新华门取代西苑门成了中南海的正门。抗日战争胜利后，国民党接管北平，将国民党军委北平行营设在中南海。

1949年后，中南海成为中国共产党中央委员会和中华人民共和国国务院的驻地和部分国家领导人居住的地方，老式建筑多处被拆除或改建。因此，中南海成了中华人民共和国政府高层的代称。

藏有清宫文物的博物馆：目前，台北故宫博物院、南京博物院、辽宁省博物馆、天津博物馆、上海博物馆等地均藏有不同数量的清宫旧藏文物。

而在世界各地，日本、美国、英国、法国、俄罗斯、奥地利、德国、加拿大、意大利、荷兰、新加坡、土耳其、瑞士、瑞典、丹麦、挪威等国的博物馆也藏有清宫旧藏文物，但具体数字是多少，已无从考证。

转眼间，故宫进入了21世纪。这同样是具有历史意义的一刻，2004年6月4日的下午，紫禁城全面修缮工程正式开工。这一天，将在故宫的历史上留下浓重的一笔……

第十二章　永远的故宫

想看视频？扫一扫

♦ 1949年 开国大典

“祖国的土地，天是蓝的，水是甜的，空气是清新的，可尽情地呼吸。每一个行人脸上都透着那么纯洁，我体验到了精神的幸福。”

这是一位文化人在新中国成立之初描述他的内心感受。幸福来自一个新时代的来临，在新的气象中，故宫开启了新的一页。新的一页的开启，发生在1949年年初。

当时在西柏坡的毛泽东给兵临城下的解放军发出这样的电报：此次攻城必须做出精密计划，力求避免破坏故宫、大学及其他具有重要价值的文化古迹。1949年1月22日，傅作义率部起义，北平和平解放，使故宫免遭战火。几天后，解放军和平进入了北京城。目睹解放军入城的人群当中有一个叫马衡的人，他就是当时故宫博物院的院长。马衡在日记中写道：“解

◆ 故宫西北角楼

♦ 北护城河

放军自永定门入，行列延长数里，整齐严肃，颇为壮观。”1949 年的 3 月 6 日，解放军的军管会正式接管故宫，那时还是故宫守卫队队员的傅连仲见证了这一天发生的事情。

来到故宫，负责接管工作的是军管会的代表尹达、王冶秋。当时，故宫的 300 多名工作人员，聚集在了大殿里，等待着历史性的一刻。

新中国成立之初，人们使用频率非常高的一个词就是“百废待兴”。

这时候的故宫，不仅一些院落房屋倒塌、荒草没人，还有很多地方堆满了垃圾。据说当时的一些老百姓，把故宫称为一堆破庙。新中国成立之初，中央政府的财政极端的紧张，但即便如此，依然拨出专款，来修缮故宫。所幸记录下新中国成立初期修缮故宫时情景的照片被保存了下来。在那些破损和老旧的房子被修复的时候，故宫博物院的库藏也逐渐充实起来。

那个时候，被溥仪留在天津的一部分故宫旧藏回来了。被国民党政府从故宫搬迁至南京的文物中，有 2000 多箱也回来了。1954 年的春天，故宫的城墙上，出现了毛泽东的身影。1954 年 5 月 20 日的下午，是毛泽东在四天之内第三次来到故宫，有三次他都是登临故宫的城墙眺望紫禁城。从各种史料中我们没有查到毛泽东来故宫的详细记载，这给后人留下了无限的遐想。

1956年，张伯驹将自己收藏的李白的《上阳台帖》赠送给毛泽东，毛泽东对李白诗词颇为推崇，面对这件可能是唯一的李白传世墨迹爱不释手。两年之后，毛泽东将《上阳台帖》转赠故宫博物院收藏。

在这之前，毛泽东把稀世的王夫之手迹《双鹤瑞舞赋》、钱东壁临写的《兰亭十三跋》也分别捐赠给故宫博物院。

从新中国成立开始，在政府的统一调配下，短短几年时间内，不少流散民间、流失海外，以及存放在东北、天津等地的一百多件国宝级书画陆续回到了故宫。1953年10月，当故宫绘画馆揭幕时，轰动中外，成为当时中国文化界的一件大事。

随着政府对故宫的投入逐年增加，修缮工程越来越多，但是发生在宫墙里的变化，并不为多数市民所知。

1956年的春天，路过景山大街的人们突然发现，故宫的西北角楼被一个巨大的工棚罩了起来。一时间，北京市民纷纷传说角楼拆下来装不上了，被故宫的人修坏了。

故宫的角楼是中国古代建筑中的经典，它的结构非常精巧、复杂，号称有九梁十八柱七十二条脊。修建角楼在历史上就是一件难度很大的事。

早在明朝的时候，就有这样一个传说：角楼的结构非常复杂，工匠们很久都修不好。这一天，来了一个卖蝈蝈的老头儿，工匠们发现他的蝈蝈笼子和角楼的构造很相似。按照这个蝈蝈笼子的结构，工匠们终于建起了角楼。后来人们说，这个老头就是鲁班。当然，这只是一个传说，而实际上角楼独特的建筑工艺在中国历史上都是由工匠们一代代传承下来的，堪称绝技。

春夏交替，秋去冬来，故宫和新中国一起发生着日新月异的变化。经过几年的抢救性修缮和维护，面貌一新的故宫展现在人们面前。

一张拍摄于 1961 年的照片极富历史意味，照片中的两个人一个叫溥仪，一个叫鹿钟麟。37 年前，就是这位京畿卫戍总司令鹿钟麟将逊位皇帝溥仪赶出了故宫，如今他们在新中国的政协礼堂相遇在一起。不久之后，溥仪回到了他阔别近四十年的故宫，感慨颇多，他在《我的前半生》中写道："令我惊讶的是，我离开故宫时的那幅陈旧、衰败的景象不见了，到处焕然一新。在御花园里，我看到那些在阳光下嬉戏的孩子，在茶座上品茗的老人。我嗅到了古柏散发出来的青春的香气，感到了这里的阳光也比从前明亮了。我相信故宫也获得了新生。"

转眼间 40 多年过去了，故宫进入了 21 世纪。这同样是富有

♦ 宫殿脊兽

历史意义的一刻，2004 年 6 月 4 日的下午，紫禁城全面修缮工程正式开工。这一天，将在故宫的历史上留下浓重的一笔。

这是自辛亥革命推翻封建王朝以后，近百年来，紫禁城规模最大的一次修缮工程。这也是紫禁城自清代康乾盛世以来，走向新的盛世辉煌的一种象征。

百年大修，故宫人任重道远。这次大修将历经 19 年时间，总投资近 20 亿元人民币。

2008 年北京奥运会前夕，整个故宫中轴线上的建筑将以全新面貌迎接世界各地的游客；2009 年到 2014 年完成其他区域重点古建筑的维修，开放面积由现在的 43 万平方米扩大到 57 万平方米；到 2020 年紫禁城 600 年华诞的时候，大修工程全部结束。到那个时候，世人将重新领略历史上康乾盛世之时紫禁城的面貌。

从 2004 年 6 月开始，故宫中轴线上东西两庑的修缮工程陆续开工，我们的摄制组一直跟踪记录着大修的过程。三个月之后，当工程进展到中轴线最北端的宫殿钦安殿时，我们记录到一次重大的发现。

在钦安殿的顶部，工作人员意外地发现藏文经卷，并在随后的一个多星期里，陆续发现了 3000 多卷佛教经典，全部由藏文撰写。

这样重大的发现在故宫博物院建院以来，还是第一次。

这些藏文经卷的发现，也引发着故宫很多专家的兴趣和猜测。

钦安殿是故宫最重要的道教宫殿，里面供奉的是真武大帝，传说是故宫的保护神。在这样一个供奉道教神灵的宫殿里，为什么会藏有藏传佛教的经卷呢？据专家说早在元朝的时候，藏传佛教就开始进入宫廷，明清两代更为盛行。这些经卷有可能是清朝时加放进去的。皇帝以此来祈求自己拥有更多的智慧、力量，祈求他的王朝风调雨顺、国泰民安。这也体现了在明清两代，儒家文化和佛教及道教的相互融合。

一年之后，钦安殿大修即将完工，除了留有少数经卷作研究之用，绝大部分又被放置回宝顶，尊重历史、恢复原貌正是这次故宫大修所遵循的原则。

2005 年 9 月，钦安殿修缮工作全部结束。

2004 年 7 月的一个深夜，故宫大修的运木工作正在进行。由于北京市的交通管制，每次运木的车辆都要在夜里 1 点钟左右进入故宫。

明朝初年，修建紫禁城的时候，所用木材都是最好的楠木和

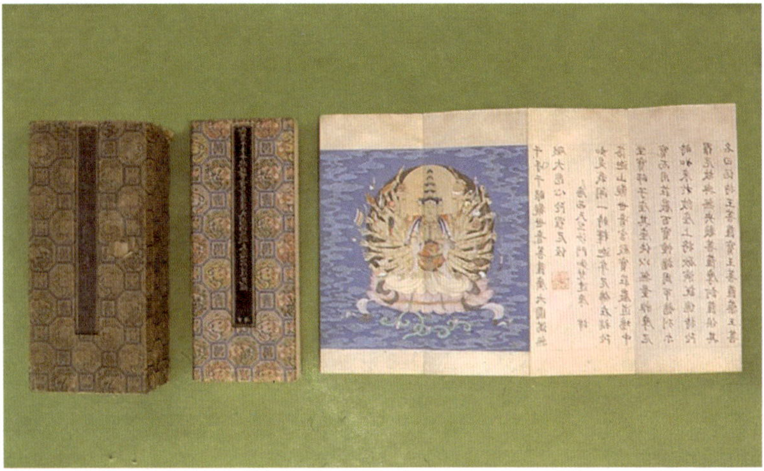

♦《御书陀罗尼经》　清乾隆年间墨笔写本

杉木，而现在像当年那样的巨大楠木已经难见踪迹，这次故宫大修用的都是大兴安岭的松木，它们也是百里挑一的深山红松。这次故宫大修使用木料数量巨大，据统计，到目前为止，至少已使用 2700 立方米的木材。

为了保持紫禁城建筑的原貌，这次故宫大修大量使用了传统材料和工艺。工人们把发酵的猪血、白面、桐油、砖灰，这些看起来毫不相关的几样东西和在一起，涂抹在木材的表面，这就是“地仗”，据说涂抹“地仗”可以起到保护和防腐的作用。这是一种非常古老的传统工艺，通过工匠艺人们一代代的口口相传而流传至今。调配“地仗”的各种材料的构成比例，是被严格保密的。

至少从清朝开始，这种工艺就在修缮紫禁城的工程中使用。地仗灰的外面还有苎麻，它可以使“地仗”不开裂。像大门这样面积较大的地方，最多要铺六层地仗、两层苎麻，行话叫“两麻六灰”。

民间传统工艺的使用，将使大修之后的故宫依然传承着数百年来中国传统建筑的历史。

太和殿，人们俗称金銮殿，它的确是紫禁城中用金子装饰最多的宫殿，铺设太和殿地面的砖叫作金砖，但它却与金子无关。从明朝初建时起，这种由特殊工艺制成的金砖一直是紫禁城的专用品，在故宫的重要宫殿中都铺设有这样的砖。现在我们看到的太和殿金砖，是清朝康熙年间铺设的，至今，它们依然光亮如新。

这种世界上独一无二的金砖出产在苏州郊外。几百年来，它的工艺代代相传，延续至今。

2004 年 5 月，我们来到苏州城外的小镇陆墓，对这种金砖的烧制进行了工艺再现。

当年古代的工匠们制作金砖，需要选土、炼泥、澄浆、制坯、阴干、入窑六道工序。选好的泥土要露天放置整整一年，去掉所谓的“土性”，制好的砖坯也要阴干七个月以上，入窑后要用十万斤稻壳烧炼两个月。就这样，从泥土到金砖，要长达两年的时间。

烧制好的这种砖，为什么被叫作金砖呢？一种说法是它烧成后，质地极为坚硬，敲击时会发出金属的声音。还有一种说法是在明朝的时候，一块金砖价值一两黄金，所以被叫作金砖。

2005 年 9 月故宫的协和门外，工人们正在铺设的砖就是来自苏州的御窑厂，这次大修没有更换重要大殿室内的金砖，那些金砖历经数百年，还依然保存完好。

♦ 太和殿天花

在这次大修中，还有一道极为独特的工序就是贴金箔。

贴金箔非常具有观赏性，工人们先涂上一层特制的金胶，然后把金箔粘贴在金胶之上。有经验的工人贴得又好又快、用金又省，非十年之功不能达到如此技艺。

在这次大修中，故宫使用的金箔来自有几百年生产历史的南京金箔厂。从厚厚的金块变成金箔，需要捶打两万次以上。

打好的金箔薄如蝉翼、柔似绸缎、轻若鸿毛。只有 0.15 微米厚，相当于头发直径的 1/500。

故宫专门为这次大修订制了 1000 万张金箔，它们将使修缮好的故宫更加金碧辉煌。

当故宫大修进入 2005 年 3 月初的时候，又有了一次令人惊喜的发现。

这一天，正在昭德门上拆卸屋顶的工人，在屋脊正中的琉璃瓦下，发现了一个金属盒子，这就是传闻中的宝匣。

它的里面到底有什么呢？

经过故宫专家仔细地取证，发现在这个宝匣里有 24 枚铸有“天下太平”字样的金币，还有五种彩色丝线，五种中药材，五种香料，五种金属的元宝和五色宝石。据专家介绍，安放宝匣是为了祈求平安、长久，每样放置五种，又与阴阳五行有关。

而后这些宝物被故宫文物管理处妥善保存起来。

这是故宫以往大修的历史上从来没有过的场景，来自国外的专家使用国际上最先进的设备，直接参与紫禁城的各项修缮工程。

百年光阴，两个时代。当中国民间的传统工艺和世界上最先进的现代科技同时在大修中使用的时候，紫禁城已经完成了从皇家禁地到博物院再到世界文化遗产的历史跨越。

2005 年 5 月的一个清晨，故宫还没有开放，太和殿广场上出现了一些外国人，他们不是普通的游客，而是来自意大利文化遗产部的文物修复专家。

在太和殿内，意大利专家开始向墙壁里注射树脂，这个方法可以防止墙皮脱落，让太和殿的墙壁更长久地保持完好，他们曾经在修复最珍贵的达·芬奇壁画时使用过这种技术。

除了意大利的专家，还有来自美国、日本以及中国香港的古建、文物修复、数字化技术等各个领域的专家参与这次大修。

故宫宁寿宫最北端的倦勤斋，它的内部从来没有向游人开放过。

在这次百年大修中，倦勤斋室内装饰修复被确定为一个重要的试点工程，这个试点工程从 2002 年起就开始了。今天，来到

♦ 倦勤斋白鹤图

这里的还有来自美国世界文化遗产基金会的文物专家TK，他参与过很多亚洲国家的古老绘画的修复工作。倦勤斋，是乾隆皇帝为自己做太上皇以后娱乐休闲而修建的。它是紫禁城里最豪华的宫殿之一，它的内部装饰，堪称绝世之作，代表了乾隆时期工艺的最高水平。但现在年久失修，一些地方已经破损，很多地方需要尽快修复。贴在倦勤斋屋顶的通景画，运用了西洋透视技法，据说是宫廷画师朗士宁的学生王幼学画的。通景画的修复是倦勤斋室内修复工程最重要的一项，整个工程由故宫博物院和美国世界文物保护基金会合作完成，专家们需揭取通景画，再到裱画室修复。

我们后来看到，在故宫的裱画室内，一位专家正在和面，这是用来修复通景画的新发明，和好的面团是用来除尘的，既可以粘住画面表层的尘土，又不损伤颜料。倦勤斋内的通景画，距今已经有两百多年了，这幅画虽然是贴在屋顶上，但是它具有很高的文物价值，对它的修复，与国宝级书画的待遇一样，完全按照传统工艺流程进行，整个修复过程需要大大小小近百道工序。

与贴裱在画面背后的乾隆高丽纸材质相同的纸，今天已经很难找到。美国专家提议用韩国生产的传统纸张，但是在有两百多年历史的乾隆通景画背后托裱上外国生产的纸，故宫的专家们难以接受，他们坚持使用中国自己的纸张。

一年多后，他们终于在安徽潜山的一个小山村，找到了这种完全手工生产的传统纸张。经过 7 名专家历时一年多的努力，通景画的修复工作全部完成。但修复好后，它暂时还不会被贴裱到倦勤斋的屋顶上。这幅通景画将在倦勤斋其他修复工作完成时，作为最后一道工序，重新回到倦勤斋。

2005 年 5 月，当工人们对倦勤斋室内进行清理的时候，在宝座床的木板下，又有了新的发现。

这是一个象牙雕刻的花蕾。

这是从饰物上散落下来的彩色玻璃珠。

这个玉石的瓶盖为什么会端端正正地出现在这里，故宫的专家也无法解释。

历经几百年岁月，古老的紫禁城依然不断给今天的人们带来新的惊奇，在这座沧桑而神秘的宫殿中，不知还隐藏着多少不为人知的秘密。

就在故宫的建筑进行大修的同时，它的内部也在发生着变化，有 40 多年历史的珍宝馆和钟表馆重新布置后将再次开放，同样的文物，带给人们的是全新的感受。

与此同时，更多的馆藏文物，以不同的形式陆续与观众见面。故宫现有馆藏文物150万件，由于数量巨大，种类繁多，多年来，许多文物只能沉睡库房。从2004年起，一项为时七年的文物清理计划全面启动，包括收藏文物、宫廷生活用品以及各类资料在内的所有文物将通过最现代化的信息化管理技术完成全面清点，并纳入正规管理得到妥善收藏。

这些凝结着千百年文化艺术结晶的珍品，将和这座宫殿一起，作为人类共同的财富，留传后世。

2005年10月，故宫博物院度过了它的八十岁生日。

紫禁城，初建于明朝，鼎盛于清代，五百年间它曾是封建皇权的象征，帝王将相的舞台。故宫博物院，得名于1925年，八十年来，它历经风雨，走向复兴，最终成为人类共同的文化艺术宝库。今天，紫禁城既古老又新鲜，它正承载着历史，创造着未来。

知 识 链 接

溥仪的后半生：爱新觉罗·溥仪是清朝末代皇帝，也是中国最后一个皇帝，世称清废帝或宣统帝。1911年辛亥革命爆发后不久被迫退位，后在伪满洲国做日本人控制下的傀儡皇帝。1945年8月17日，在沈阳机场准备逃往日本的溥仪被苏军俘获成为战犯，随后被关押至西伯利亚，度过了5年的异域囚徒生活。

1950年，苏联将溥仪等伪满洲国战争罪犯引渡给中国政府，关押在抚顺战犯管理所，也就是当年日本关东军修建的秘密监狱。在进行了10年的劳动改造后，1959年，最高人民法院遵照国家主席令，决定特赦溥仪。溥仪得到特赦后，按照周恩来总理的指示，开始从事修改民国档案等史料工作，并成为全国政协委员。

故宫大事记：1416年（永乐十四年），明成祖颁诏迁都北京，下令仿照南京皇宫营建北京宫殿。

1420年（永乐十八年），北京宫殿竣工。次年发生大火，前三殿被焚毁。

1440年（正统五年），重建前三殿及乾清宫。

1459年（天顺三年），营建西苑。

1557年（嘉靖三十六年），紫禁城大火，前三殿、奉天门、文武楼、午门全部被焚毁，至1561年才全部重建完工。

1597年（万历二十五年），紫禁城大火，焚毁前三殿、后三宫。复建工程直至1627年（天启七年）方完工。

1644年（崇祯十七年），李自成军攻陷北京，明朝灭亡。李自成撤退前焚毁紫禁城，仅武英殿、建极殿、英华殿、南熏殿、四周角楼和皇极门未焚，其余建筑全部被毁。同年清顺治皇帝从沈阳迁都至北京。此后历时14年，将中路建筑基本修复。

1683 年（康熙二十二年），开始重建紫禁城其余被毁部分建筑，至康熙三十四年基本完工。

1735 年（雍正十三年），清高宗（乾隆帝）即位，此后六十年间对紫禁城进行大规模增建和改建。

1813 年（嘉庆十八年），天理教教徒林清率起义军攻打紫禁城。

1900 年，八国联军攻陷北京。八国联军在紫禁城阅兵。

1911 年，武昌起义爆发，清帝退位。但按照与民国签订的优抚条件，仍然居住于紫禁城内。

1923 年，建福宫发生火灾。

1924 年，冯玉祥发动“北京政变”，驱逐清帝溥仪。

1925 年，在原紫禁城的基础上建立故宫博物院。

1933 年，故宫博物院文物南迁，以躲避日本侵略。

1948 年，故宫博物院南迁文物部分运往台湾。

1949 年 1 月，北平稳定后，故宫博物院恢复开放。

20 世纪五六十年代，陆续有人提出故宫修建计划，后因种种原因搁置了很长一段时间。

1961 年，经国务院批准，北京故宫被定为全国第一批重点文物保护单位。

1987 年，北京故宫被联合国教科文组织列入世界文化遗产名录。

2004 年，北京故宫开始进行为期 19 年的大修。

附录

故宫航拍记

赵　微

《故宫》播出至今已经过去十个年头了。这十年间，很多东西发生了变化，《故宫》依然还在，在电视不断重播的屏幕上，在音像店的货架上，在单位对外赠送的礼品单上，在讲述纪录片的课堂上。如今，《故宫》又将以图文书的形式呈现在受众的面前，以一种全新的载体继续讲述着它的故事。《故宫》像酒，由新醴变成陈酿，扛得过岁月。关于《故宫》的记忆也像酒，有些挥发了，有些升华了，有些沉淀下来，静静地成为对比十年来时事变迁的坐标。十年之后回望《故宫》，又记起了当年拍摄时的一件憾事。

《故宫》本来有个航拍的设计。虽然过去故宫不止一次被航拍过，时间不同，拍摄单位不同，但有一点是相同的，都是直升机拍摄，从很高的高度，拍下一大片建筑的全景。而这远远不能满足《故宫》细致刻画、情感描述和全新角度影像呈现的需求。

几经寻觅，我们找到了可以实现这一理想的东西，英文名叫“FLYING-CAM”，香港人把它翻译为“呼来应”。它很小，加上尾翼才一米八长，十五公斤重，转场的时候，机械师把它往腋下一夹就走。它红色大脑袋上安装的摄影机镜头像一只大眼睛，能三百六十度旋转。飞行高度从离地面几厘米到几百米，速度从悬停的零速度到每小时一百二十公里，期间可以自如而精确地变换。准确地说，它不叫“直升机”，应该叫“遥控飞行拍摄器”。这个“呼来应”业绩显赫：007 系列、哈里·波特系列电影中好多特牛的特技镜头就是由它完成的，早在 1995 年就获过奥斯卡最佳技术奖。用它来拍摄以前无法想象的特效镜头易如反掌。

飞行器的老板兼发明人和操控者是比利时人伊曼纽尔，经过三天艰苦卓绝的谈判，和伊曼纽尔先生混成了熟人，也谈妥了优惠价格，确定了大致日程。万事俱备，只待航拍申请手续的批复。

《故宫》定在当年十月播出，而八月之前故宫大修的脚手架还没拆除，因此，拍摄必须在八月中旬至九月初之间完成。依照惯例，故宫的航拍需要向七八个有关部门报批。考虑到报批手续的复杂烦琐，整套程序于年初就已启动。在前几个部门顺利通过之后，航拍报告在民航搁了浅。

这个“呼来应”在国外已使用了十几年，但是在中国还是新事物，没有申请过飞行许可证，民航相关部门的一位负责人说外国的许可证不算，必须重新申请，而这需要通过一系列申报、审核、认证和批准的程序，在几个月之内是绝不可能完成的，所以，这次航拍根本没戏。问：这个东西很小，其实不能算是飞机，就和航模、风筝什么的差不多，手续能否简单点？回答斩钉截铁：只要离开地面的，都算飞行器。只要是飞行器，就必须经过民航审批！

前景一片黑暗，但我仍不甘心。一通电话联系，终于接通了民航负责航空器试飞认证审批的部门。听完前因后果之后，对方沉吟半晌答道：我们只负责审批有人的飞行器，你这个是无人驾驶的呀。我眼前一亮，心中暗喜，赶紧回答：是啊是啊，那您能否出一个证明，说民航不负责这个飞行器的审批？两天后，得到了答复：此物无须经民航审批。

只剩下最后一个部门了。

过去故宫地区的航拍一直由指定的直升机来完成。这次的核心问题有二：第一，为什么要用“呼来应”而不用直升机拍摄？第二，没有国内飞行审批手续而在故宫地区拍摄没有先例。我们就此做了详尽的解释，说明“呼来应”与直升机完全不是一类东西，它的拍摄效果是直升机无法替代的。而“呼来应”的飞行审批问题，我们已经多方联系，但目前没有一个部门负责此事。“呼来应”具有多个国家的飞行许可证明，而且有足够的资料证明它的安全性能大大高于直升机，在国外拍摄十余年，从没有出过任何事故。对方答应研究之后回复。

七月的一天，事情有了进展。有关部门提出七项具体要求，包括：由中央电视台出具航拍飞行安全保证书；确定一位台领导为飞行总指挥；航拍计划被批准后，由中央电视台提前一天向各有关部门通报飞行计划，等等。最后一项要求是：由几个相关部门共同对“呼来应”进行实地飞行测试。

一切都预示着光明。于是伊曼纽尔先生和他的“呼来应”以及从美国远道而来的机组人员应约赶到了北京。

但接下来却不像想象中的那般顺利，试飞这天，负责审批的部门突然缺席，接下来便是度日如年的等待。但与此同时，小巧玲珑的“呼来应”完美的试飞折服了在场的观众。各个部门的代表均表示航拍毫无问题。但汇总起来的意见以书面方式上报之后，却没了下文。

在等待的日子里，伊曼纽尔先生很纳闷。现场看了，方案定了，也试飞了，他们满腔热情要投入工作了，可为什么我们天天招待他们好吃好喝地住着，就是不干活儿呢？我早已领教了和他交流的难度，国人之间一说就明白的事，到他那儿都是难题。比如和他说，有关部门的有关领导正在研究，所以得等。多简单的事儿呀，他死活弄不明白，没完没了地问，为什么都试飞了还要研究？为什么研究这么久还没有结果？为什么没结果也没有消息？……我一般只用一句话来回复他：出于你不了解的原因，做以我们要等……

这一天，伊曼纽尔终于急了，下了最后通牒，如果今天还定不下来，他明天一早就收拾家伙走人。在商言商，后边还有一档活呢，不能耽误生意啊。情况紧急，我们赶赴宾馆陪他吃饭，作最后的协商。

谈判从六点进行到八点半，执着的比利时人一定要落实了所有的细节才肯吃饭。最后商定：等到九月四日，再没消息就走人。这是我们所能争取的最后期限了。

当大家吃上东北菜的时候，已是晚上九点多。席间气氛融洽，宾主相谈甚欢。来自美国的摄影师对将要拍摄故宫很是兴奋，兴高采烈地设计着镜头。他对中国传统文化的了解也让人刮目相看，他用中文说出“足球”一词，博得了称赞，然后，又说了一个词，发音类似“蛐蛐”，大家都没听懂。琢磨了一下之后，我恍然大悟，是不是“蹴鞠”啊？对，对，他频频点头称是，又赢得一片赞叹之声。宾主相谈甚欢，气氛融洽。大家摩拳擦掌，准备迎接航拍。

接下来，所有能托的关系、能找的人都求到了，就盼着最后的好消息。

九月一日过去了。九月二日也过去了。

九月三日，直到晚上依然没有得到任何音信。这回是彻底绝望了。夜里，我只剩下一个莫名其妙的愿望：但愿第二天阴天，最好下雨，这样心理上多少有点安慰。

九月四日，阳光明媚，天气晴朗得一塌糊涂。

这天的下午，我们终于等来了回话：鉴于“呼来应”没有在中国的飞行认证审批手续，不批准使用。如果非拍不可，建议重新履行程序，使用直升机航拍。

经过大半年的努力之后一切归零。《故宫》航拍的理想之梦破灭了。

《故宫》如期播出。由于航拍未遂，很多镜头的设想没能实现。《故宫》的片头，本该由航拍完成的，从太和殿宝座拉出，直至宫殿全景的那个长镜头，最终由三维特技完成。

图书在版编目（CIP）数据
故宫／纪录片《故宫》节目组编著. 一北京：中国工人出版社，2018.6
ISBN 978-7-5008-7023-4
Ⅰ.①故… Ⅱ.①故… Ⅲ.①故宫一介绍一北京一图集 Ⅳ.①K928.74-64
中国版本图书馆CIP数据核字（2018）第135153号

故 宫

出 版 人　王娇萍
责任编辑　宋　杨
责任校对　董春娜
责任印制　黄　丽
出版发行　中国工人出版社
地　　址　北京市东城区鼓楼外大街45号 邮编：100120
网　　址　http://www.wp-china.com
电　　话　（010）62005043（总编室）（010）62005039（出版物流部）
　　　　　（010）62379038（社科文艺分社）
发行热线　（010）62005049　（010）62005042（传真）
经　　销　各地书店
印　　刷　三河市东方印刷有限公司
开　　本　880毫米×1230毫米　1/32
印　　张　10.625
字　　数　140千字
版　　次　2018年10月第1版　2023年 8 月第10次印刷
定　　价　78.00元